スピーチの達人に学ぶ！
英米リーダーの英語

鶴田知佳子・柴田真一　共著

はじめに

　現役の同時通訳者として、また大学で実際に教壇に立つ者として、今回、英米リーダーのすぐれたスピーチを集めた本をつくりたいと思った最大のきっかけは、日本からグローバルに意見を英語で発信できる人材を育てたいという思いを抱いたからでした。この本を手に取ってくださったみなさんの中にも、英語でスピーチできる能力を身に付けたいとお考えの方が大勢いらっしゃることでしょう。

　ところで、アメリカ人の中にも「スピーチをするのは死ぬより怖い（大げさな言い方ですが……）」とすら言う人がいます。英語を母語とする人にとってさえ難しいことを、母語としない人はどうすればよいのでしょうか。

　それにはすぐれたスピーチをたくさん聞いて、そのコツを見習うことです。その意味で、本書で取り上げたスピーチの数々は最高のお手本となることでしょう。

　いざ人前でスピーチをする段になり、落ち着こうとするとかえってうまくいかず、「どうしよう」と自信を失い、我を失ってしまうことがあります。それを克服するには、Cool, Calm, Collected and Connected（冷静に、落ち着いて、自分をしっかりもって、伝える）という姿勢が必要です。そして、その姿勢を身に付けるには、何度も繰り返し練習をして成功体験を身体に覚えさせることがいちばんの近道です。英語を母語とするスピーカーが吹き込んだものを使って繰り返し練習する、さらによいのは自分がどんなふうに話しているのかを録画して、それを繰り返し見ることです。なにごとも練習にまさるものはありません。

　しっかり練習したら、あとは本番でスピーチをするときに、まず大きく息を吸って気持ちを落ち着かせる。次に、質問をするなどして聴衆を味方につけることです。このふたつのコツを覚えておきましょう。最初の30秒を突破すれば何とかなります！　「逃げ出したい！」のではなく、「伝えたい！」と気持ちを前向きにもっていって成功させてください。

鶴田 知佳子

私は銀行マンとしてのキャリアを経て、現在は大学教員として、ビジネス英語、ビジネスコミュニケーション、国際ビジネス論などの授業やゼミを担当しています。銀行では常に海外と関わりのある仕事をしてきましたが、特に海外勤務経験（イギリス15年＋ドイツ5年）を通して、同僚や顧客との信頼関係を築いたり、会食の席で話題を提供したりするには、「パブリック・スピーキング力」が問われることを実感しました。

　洋の東西を問わず、仕事では異なる意見をぶつけ合いながら着地点を探っていきます。本書で厳選した英米の政財界を代表するリーダーたちのスピーチは、反対意見を意識した構成となっている場合が多いことに加え、言い回しもフォーマルなスタイルであるため、ビジネスのスピーチにも役立つノウハウが凝縮されています。また、ビジネス以外にも、自己紹介、パーティーでの挨拶、乾杯の音頭、日本についての質問に対する返事など、短いスピーチや対話にもしっかり応用できるスキルを学ぶことができます。

　経済のグローバル化に伴って、英語が世界のビジネス公用語としての地位を固め、ノンネイティブ（英語圏以外の話者）の英語に接する機会が多くなりました。同時に、英語の共通語化に伴い、ネイティブとノンネイティブが話す英語の地位は同等であるという「世界の英語」(World Englishes) という概念が定着してきました。これからは、ネイティブ信仰を捨て、自分の意見を堂々と発信していかなければなりません。とはいっても、ネイティブの英語にお手本となる素材が多いことに変わりはなく、英米リーダーのスピーチには学ぶべきところがたくさんあります。本書が、英語学習者、グローバル人材を目指すビジネスパーソン、通訳志望者養成の一助となるならば、筆者のひとりとしてこの上ない幸せです。

柴田 真一

※ 本書では、それぞれが現地で長い在住経験を持ち、諸事情に詳しいことから、鶴田がアメリカ人リーダーを、柴田がイギリス人リーダーを解説しています。

CONTENTS

はじめに ……………………………………………………… 2
本書の基本的な考え方 …………………………………… 10
本書の構成と使い方 ……………………………………… 14
CDトラック表 …………………………………………… 16

第1章 chapter 1
スピーチの構成と書き方

スピーチの基本構成 ……………………………………… 18
スピーチの書き方 ………………………………………… 19
スピーチの書き方の例 …………………………………… 20

キャロライン・ケネディ

Section 1
広島を訪れ、平和な世界を願うようになった ………… 20
Section 2
助け合えば、世界を変えることができる ……………… 22

ウィンストン・チャーチル ……………………… 26

Section 1
たった1日で組閣しなければならなかった …………… 28
Section 2
国民の利益を考え議会の招集を求めた ………………… 30
Section 3
血、労苦、涙、そして汗以外に提供するものはない … 32
Section 4
力を結集してともに前進しようではないか …………… 34

エイブラハム・リンカーン ……………… 36

Section 1
この国は自由のもとに築かれ、
人はみな平等であるという考えにささげられた ……… 38
Section 2
人民の、人民による、人民のための政府が、
決して地上から消え去ることがないように …………… 40

4

第2章 chapter 2

スピーチの話し方

スピーチの話し方 ………………………………………… 44

ジョン・F・ケネディ ………………………………………… 48

Section 1
世界は大きく変貌している ………………………………… 50
Section 2
たいまつはアメリカの新たな世代に手渡された …………… 52
Section 3
このすべてが最初の100日で達成されることはないだろう … 54
Section 4
この歴史的な取り組みに参加しようではないか ……………… 56
Section 5
国のために何ができるか 人類の自由のために何ができるか …… 58

キャサリン妃 はじめてのスピーチ ……………………… 60

第1章と第2章のまとめ
伝えたいメッセージを着実に伝えるコツ ………………………… 64

第3章 chapter 3

ビジョンを示すスピーチ

バラク・オバマ ………………………………………… 68

Section 1
自信を新たに、アメリカは強固になったと言える ……………… 70
Section 2
我々にはまだなしえていない任務がある ………………………… 72
Section 3
団結したときこそアメリカは力を発揮する …………………… 74
Section 4
アメリカを雇用と製造業の新たな磁場とする …………………… 76
Section 5
私たちがならうべきアメリカ人たち ……………………………… 78
Section 6
私たちはアメリカの物語の作者であらねばならない …………… 80

第5章 chapter5
モチベーションを高めるスピーチ

シェリル・サンドバーグ …………… 120

Section 1
ジェンダーについてオープンに話し合うことが必要 ………… 122
Section 2
女性は成功すればするほど嫌われる？ ……………………… 124
Section 3
問題をオープンに話すことで正しい理解は得られる ………… 126
Section 4
未だに女性はふたつの仕事をかけもちしている ……………… 128
Section 5
女性はジェンダーによって型にはめられている ……………… 130

リチャード・ブランソン …………… 132

Section 1
起業家とは、不可能な夢に対して「イエス」と言う人種 ……… 134
Section 2
必要なのはすぐれたアイデアだ ……………………………… 136
Section 3
ビジネスには単なる利益を越えた目的がある ………………… 138
Section 4
イギリス連邦は機会を提供する道を開いてきた ……………… 140

第5章のまとめ　ポジティブなメッセージを発信する ……… 142

デービッド・キャメロン ... 82

Section 1
ヨーロッパにおける平和は、どのように実現したのか？ ... 84
Section 2
今日における EU の最優先課題 ... 86
Section 3
イギリスにとって EU は目的ではなく手段 ... 88
Section 4
イギリスは独立性だけでなく開放性を特徴としている ... 90
Section 5
EU が直面している 3 つの困難 ... 92

第 3 章のまとめ　リーダーに求められる「説明力」 ... 94

第 4 章　chapter 4
説得力をもたせるスピーチ

ヒラリー・クリントン ... 98

Section 1
大きな心をもつ母たちの存在 ... 100
Section 2
仕事というより使命　困難であるより刺激 ... 102
Section 3
アウンサンスーチーとネルソン・マンデラとの思い出 ... 104
Section 4
どういう女性たちであるかよりも女性たちが何をするか ... 106

ジョージ・オズボーン ... 108

Section 1
イギリス経済は集中治療室から出つつある ... 110
Section 2
最大の不公平は次の世代に負債を負わせること ... 112
Section 3
イギリスはかつて未来が誕生する場所だった ... 114

第 4 章のまとめ　聞き手を前向きな気持ちにさせるには ... 116

第6章 chapter6
責任と共感を示すスピーチ

キャロライン・ケネディ ……… 146

Section 1
駐日大使の指名を受け光栄に思う ……… 148
Section 2
日本以上に大使を務めたい国はない ……… 150
Section 3
日米のパートナーシップの影響は全世界に及ぶ ……… 152
Section 4
日本との絆をさらに深めたい ……… 154

エリザベス女王 ……… 156

Section 1
イギリスの議会は国民の生活を守ってきた ……… 158
Section 2
女王としての公務にあたり家族のサポートは計り知れない … 160
Section 3
即位60周年によって国民が一体となることを望む ……… 162
Section 4
今後もこの偉大な国と国民に奉仕することに情熱を傾ける … 164

第6章のまとめ　感謝と気配りを示す　166

第7章 chapter 7

わかりやすく伝えるスピーチ

ジャネット・イエレン ……………… 170

Section 1
金融政策におけるコミュニケーションの
重要性は高まっている …………… 172

Section 2
「決して説明せず、決して言い訳しない」
という従来のスタイル …………… 174

Section 3
連邦公開市場委員会に起きた、認識の革命 …… 176

Section 4
情報公開は金融政策にメリットを
もたらさないと思われていた ……… 178

マーク・カーニー ……………… 180

Section 1
金融政策委員会は前例のない試みを行った …… 182

Section 2
景気回復が軌道に乗るまで金利は上昇させない …… 184

Section 3
失業率低下へ立ちはだかる3つの壁 …… 186

第7章のまとめ　わかりやすく伝える工夫と努力を …… 188

■コラム

よいスピーカーの条件とは？ ①
気をつけたい3つのポイント …………………… 42

スピーチの草稿はQ&Aから …………… 66

よいスピーカーの条件とは？ ②
通訳者にとってのベスト／ワーストスピーカー …… 96

Q&Aセッションを恐れずに！ …………… 118

「通訳メモ」について …………… 144

ビジネスでアメリカ式プレゼンは万能か？ …… 168

本書の基本的な考え方

　本書を手に取ってくださった方の中には、英語や外国に興味を持ち、「生きた英語を身につけたい！」と考えていらっしゃる前向きな方がたくさんいることでしょう。また、将来に備えて「英語をブラッシュアップしたい」という方、あるいは必要に迫られて「英語を使わざるを得ない」という方も少なくないと思います。

　ところで、英語のコミュニケーション能力アップには「パブリック・スピーキング」の練習が欠かせません。パブリック・スピーキング（speaking in public）と言われてもピンとこないかもしれませんが、ようするに「人前で話す」ということです。といっても、なにも式典などでスピーチをするような場合にかぎった話ではありません。人間が社会で生きていく上で、自分の考えを伝え、影響力を行使していくのに必要なスキルです。

　たとえば、学生の方であれば会社に就職してからのことを思い描いてみましょう。プロジェクトを任されて、取引先に対してプレゼンを行うということになったとき、もし相手が海外の顧客だったら？
「いや、自分は専業主婦だし」というあなた。近所に外国人が引っ越してきて、日本文化や習慣について話す機会があったら？　あるいはオリガミのデモンストレーションを頼まれたら、どうします？

　それから、通訳者として活躍したいとひそかに夢見ているあなた。通訳者こそ、他の人のメッセージを正確にわかりやすく聴衆に伝えねばならないのですから、すぐれたパブリック・スピーキング能力が必須です。

　パブリック・スピーキングが普通の会話と違うのは次の３つの点です。

①構成・論旨がしっかりしている
②よりフォーマルな言葉を使う
③「デリバリー（話し方）」が重要

では、どうすればそのパブリック・スピーキングの能力を鍛えることができるのでしょうか？　その最もよいお手本となるのが英米のリーダーたち——政治、経済、ビジネスなど——のスピーチです。とはいえ、英米リーダーのスピーチなんて、せいぜいニュースに出てくる「サビ」の部分しか聞いたことがないとおっしゃる方も多いのではないでしょうか。

　本書では、古くはウィンストン・チャーチル、ジョン・F・ケネディから、バラク・オバマ、シェリル・サンドバーグまで、英米のすぐれたスピーチの達人たちの音声を聞きながら、そのポイントや達人技をたっぷり解説してあります。

ウィンストン・チャーチル　　バラク・オバマ　　デービッド・キャメロン

　パブリック・スピーキングには大きく分けて、

・他の人の知らない情報について説明をする
・自分が正しいと思うことを説得する
・自分にとって大事なことや大きく感情をゆさぶられることを伝えたいという情感に訴える

といった目的があります。ぜひ、本書で取り上げた英米リーダーたちのスピーチから、パブリック・スピーキングの極意を学びとってみてください。

通訳者および教員としての立場から

　通訳という仕事についてはや数十年が過ぎました。最初は大学生時代のアルバイトのときですから、それ以来、いったい何人のスピーチを伝える「耳」となり「口」となってきたのかと、ときどき感慨にふけります。

　通訳として立ち会うのは、政府や企業の重要人物の交渉や対談の場であったり、学者や研究者が業績や研究内容について講演する場であったり、企業が自社の内容を投資家に知らしめて出資を募るIR（財務広報）の場であったりします。

　また、放送通訳の仕事もしているため、政治家が自らの信念を訴えるスピーチや、緊急事態や災害にあたっての対応策の表明など、国の指導的な立場の人の声を伝えることもあれば、街の人の声を伝えることもあります。長いものからごくひと言のコメントまで、こういうさまざまな人たちのスピーチを伝えることで、当初はまったくスピーチなど出来なかった私自身のスピーチ力も上がってきたように思います。通訳者は「耳」となって一生懸命に理解しておかなければ、「口」となって音声で別のことばで表現することができませんから、話し手が何を伝えようとしているのか自ずと分析的に聞くという訓練ができ、しかも自分の「声」を使って話し手がどのようにわかりやすく伝える工夫をしているのか、いわばさまざまなケーススタディをみてきたと言えます。

　教員としてよく聞かれるのが、「どうやったら上手にスピーチができるようになるのでしょう？」ということですが、結局のところ通訳者として私が現場でやってきたことをなぞらえてみるのが効果的であることに気づきました。

　まずは、すぐれたスピーチ、上手なスピーカーと言われている人たちのスピーチを徹底的に聞いて、そのコツをまねることです。語学はすべからくまねることから始まり、それを自分のものとして身につけていきます。スピーチも同じです。

　これから世界を舞台にグローバル人材として活躍していくためには、日本の意見をどんどん世界に伝えていくことが大事です。読者のみなさんが、本書を通じて英米のスピーチの達人に学び、すぐれた発信者になっていただくことを望みます。

ビジネスパーソンおよび教員としての立場から

　28年にわたるビジネスパーソンとしてのキャリアの中で私が感じたことは、わが国では重要な伝達事項は文書の方がしっかり伝わるということです。象形文字という漢字の文化に由来するのかもしれませんが、よほどの名スピーカーでないかぎり、聴覚より視覚に訴える方が、メッセージは聞き手の頭の中にインプットされやすいように思われます。その点、パワーポイントの発達は大きな助け船と言えそうです。スピーカーには失礼ながら、発言は忘れても「パワポ」のスライドだけは頭に残っているということも少なくないのではないでしょうか。
　一方、欧米のビジネス社会では、重要なメッセージほど口頭で伝える傾向があります。ビジネスプレゼンテーションやスピーチにおけるパワーポイントの役割は、"visual aid" という言葉通り、あくまでもストーリーを引き立てる添え物です。プレゼンの準備をするとき、パワーポイントを使った立派な資料が出来上がると思わず満足感が得られて気分が高揚してきますが（？）、それらは紙芝居の一枚一枚の絵にすぎません。パワーポイントのスライドありきでメッセージを考えるのは本末転倒と言わざるを得ません。あくまでもストーリーがあり、それを魅力的に見せるための補完としてスライドがあるのです。
　そして、スライドを使ったプレゼンは、サッカーでいえば first half（前半）にあたり、勝負を決めるのは second half（後半）に相当する質疑応答のQ&Aセッションです。そこで特に問われるのが「対話力」「スピーチ力」です。また、通常のミーティングでも、自分の意見を述べるだけでなく、その後に飛んでくる質問や反対意見に対してどうコメントしていくかがポイントになります。ここでも求められるのは「対話力」「スピーチ力」です。
　今は大学の教員としてビジネス英語などを教えていますが、学生には、ワンセンテンスで終わらずに話し続けるスピーチ力と精神力をつけてもらいたいと思っています。それには、いい素材のスピーチから学ぶことです。みなさんも、本書で取り上げたスピーチからさまざまなスキルを学び、自分のスタイルを確立していってください。

本書の構成と使い方

本書は下記のような構成になっています。
なお、アメリカ側のリーダーは鶴田が、イギリス側のリーダーは柴田が担当しています。また、第1章「スピーチの構成と書き方」は柴田が、第2章「スピーチの話し方」は鶴田が担当しています。

英米リーダーの
プロフィールとスピーチの背景

※肩書きはスピーチをした当時のものです。

Section 1
自信を新たに、
アメリカは強固になったと言える

Barack Obama:
Mr. Speaker, Mr. Vice President, members of Congress, fellow Americans:

❶ Fifty-one years ago, John F. Kennedy declared to this chamber that "the Constitution makes us not rivals for power but partners for progress." (Applause) ❷ "It is my task," he said, "to report the State of the Union—to improve it is the task of us all."

Tonight, thanks to the ❸ grit and determination of the American people, there is much progress to report. ❹ After a decade of grinding war, our brave men and women in uniform are coming home. (Applause) ❺ After years of grueling recession, our businesses have created over six million new jobs. ❻ We buy more American cars than we have in five years, and less foreign oil than we have in 20. (Applause) Our housing market is healing, our stock market is rebounding, and consumers, patients, and homeowners enjoy stronger protections than ever before. (Applause)

So, together, we have cleared away the rubble of crisis, and we can say with renewed confidence that the State of our Union is stronger. (Applause)

members of Congress: アメリカ連邦議会議員

chamber: 議場
the Constitution: アメリカ合衆国憲法

the State of the Union: 一般教書演説 (The State of the Union Address, 国の現状を報告する演説) と、文字通り「国の現状」の両方を指している
grit: 気概、根性

grinding: 骨の折れる、過酷な

grueling: 厳しい

rubble: がれき、破片
renewed: 新たな

スクリプト

番号の付いた青字部分は、右ページの「ここがスピーチの達人技!」で取り上げられている箇所です。なお、本書ではアメリカのスピーカーの場合はアメリカ英語の表記を、イギリスのスピーカーの場合はイギリス英語の表記を採用しています。

語注

語句の意味からバックグラウンドの説明など、さまざまな角度から注釈が付けられています。

● CD トラック番号

下記は、このCDの効果的な使い方の一例です。

1. **スクリプトを見ながらスピーチ全体を聞く** 音量、音域、速さ、強調の仕方、間の取り方、言葉づかいなどに注意しながら聞きましょう。
2. **シンクロ・リーディング** 音声を聞きながら読みましょう。全部口に出して音読できることを目指しましょう。
3. **シャドーイング** スプリクトを見ずに、音声を聞きながらほぼ同時に繰り返して言ってみましょう。ストレス（強勢）、高さ、長さ、速さ、リズム、イントネーション、ポーズなど、音声面の特徴を正確に再現しましょう。
4. **ディクテーション** 書き取りをして正確に聞き取れているか確認してみましょう。

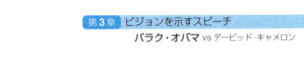

ここがスピーチの達人技！
ポイントとなる表現や構成上の特徴、参考にしてみたい言い回しなど、スピーチを理解する上で重要な情報を解説してあります。番号は左ページのスクリプトに対応しています。

各章のまとめ

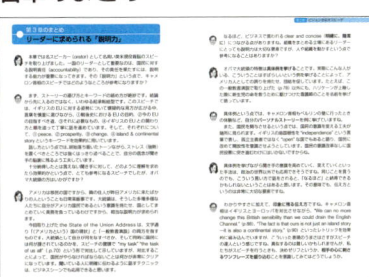

その章のポイントを鶴田先生と柴田先生のトーク形式で振り返ります。

日本語訳
パラグラフごとに分かれています。

CDトラック表

※リンカーンの音声（Track 8・9）は、ナレーターの収録によるものです。

Track 1　　オープニング

第1章 キャロライン・ケネディ
Track 2　　Section 1
Track 3　　Section 2

ウィンストン・チャーチル
Track 4　　Section 1
Track 5　　Section 2
Track 6　　Section 3
Track 7　　Section 4

エイブラハム・リンカーン
Track 8　　Section 1
Track 9　　Section 2

第2章 ジョン・F・ケネディ
Track 10　Section 1
Track 11　Section 2
Track 12　Section 3
Track 13　Section 4
Track 14　Section 5
Track 15　キャサリン妃

第3章 バラク・オバマ
Track 16　Section 1
Track 17　Section 2
Track 18　Section 3
Track 19　Section 4
Track 20　Section 5
Track 21　Section 6

デービッド・キャメロン
Track 22　Section 1
Track 23　Section 2
Track 24　Section 3
Track 25　Section 4
Track 26　Section 5

第4章 ヒラリー・クリントン
Track 27　Section 1
Track 28　Section 2
Track 29　Section 3
Track 30　Section 4

ジョージ・オズボーン
Track 31　Section 1
Track 32　Section 2
Track 33　Section 3

第5章 シェリル・サンドバーグ
Track 34　Section 1
Track 35　Section 2
Track 36　Section 3
Track 37　Section 4
Track 38　Section 5

リチャード・ブランソン
Track 39　Section 1
Track 40　Section 2
Track 41　Section 3
Track 42　Section 4

第6章 キャロライン・ケネディ
Track 43　Section 1
Track 44　Section 2
Track 45　Section 3
Track 46　Section 4

エリザベス女王
Track 47　Section 1
Track 48　Section 2
Track 49　Section 3
Track 50　Section 4

第7章 ジャネット・イエレン
Track 51　Section 1
Track 52　Section 2
Track 53　Section 3
Track 54　Section 4

マーク・カーニー
Track 55　Section 1
Track 56　Section 2
Track 57　Section 3

Winston Churchill
ウィンストン・チャーチル

Abraham Lincoln
エイブラハム・リンカーン

第1章
スピーチの
構成と書き方

スピーチの基本構成

"A speech without a structure is like a body without bones."（構成のないスピーチは、骨のない体のようなものだ）と言われるほど、スピーチにとって「構成」（structure）は重要です。スピーチの骨子である「構成」がしっかりしていなければ、スピーカーの言わんとしていることは伝わりません。訴えたいことが効果的に伝わるようにスピーチの構成を考え、原稿を入念に練ることが求められます。

一般的に、スピーチは次の3つの部分から構成されています。

❶序論 (Introduction)

「目的」「テーマ」「話す内容」をはっきりと示します。聞き手が興味を持ち、関心を抱くようにするにはどうしたらよいか、つまり、「この話はおもしろそうだ」という気持ちにさせることがポイントです。序論で聴衆を引き込むためには、**「興味を引くようなフレーズ」(attention grabber)** を用いたり、**疑問を投げかけたりする**ことも効果的です。

❷本論 (Body)

スピーチで最も訴えたい部分にあたります。聴衆が理解でき、納得できる内容に仕立てることがポイントです。説得力をもたせるには、できるかぎり**具体的な話や事例を盛り込み、データや数字**を用いて、ロジカル（論理的）に、ときには情感に訴えることも大切です。

❸結論 (Conclusion)

最後にもう一度、訴えたいことをまとめて締めくくります。「これからがクライマックス！」という合図として、**To recap (what I said),... (まとめますと…)、To summarize,... (要約しますと…)** などと言ってから結論に入ると聴衆の注意を喚起することができます。

以上はあくまでも構成の基本形であり、スピーチによってさまざまなパターンがあります。

スピーチの書き方

スピーチのエッセンスは、①誰に (To whom)、②何を (What)、③どのように (How) 伝えるかという 3 つの点に集約されます。それぞれの点について考えてみましょう。

❶誰に (To whom)

まずは、聴衆の男女構成、年齢層、職業、関心事などを押させておくことが大切です。また、その場にはいない隠れた聞き手を意識する必要がある場合もあります。たとえば、政治家は国民を意識しますが、シンポジウムやセミナーで発言するビジネスパーソンであれば、新聞・雑誌の読者、ウェブを閲覧する人まで念頭に置くことが求められるでしょう。

❷何を (What)

伝えたいことが明確でなければなりません。自分の意見や気持ちがあいまいなままの状態では、スピーチが聴衆の心に刻まれることはあり得ません。

❸どのように (How)

伝えたいことをどのように伝えるのが最も効果的かを検討します。この "how" には、「**どのように表現するか**」(How to express) という「**内容**」(contents) に関する側面と、「**どのようにスピーチを行うか**」(How to deliver) という「**デリバリー＝話し方**」(delivery) に関する 2 つの側面があります（後者に関しては本書第 2 章で、ジョン・F・ケネディ大統領のスピーチを題材にして取り上げます）。

第 1 章では、スピーチの内容の「書き方」についてみていきます。スピーチの原稿を考える際に重要なのは、「聞き手の立場になった場合に何が得られるのか」という点です。この「**聴衆にとってのメリット**」(benefit to the audience) を意識しながら、「**明確に**」(clearly)、「**論理的に**」(logically)、ときには「**感情を心もち込めながら**」(with a touch of emotion)、スピーチを組み立てていきます。

スピーチの書き方の例　キャロライン・ケネディの場合
広島を訪れ、平和な世界を願うようになった

それでは先述した3つの要素（To whom、What、How）を、どのようにスピーチの原稿に盛り込んでいけばよいのか、女性初の駐日大使となったキャロライン・ケネディさんの、日本へ赴任する直前のメッセージから学んでみましょう。

Caroline Kennedy:

Hi, I'm Caroline Kennedy. Welcome to my home in New York City. I'm deeply honored that President Obama has asked me to serve as the United States ambassador to Japan. Growing up in a family dedicated to public service I saw how people can come together to solve challenges through commitment, communication and cooperation. That's something I've tried to do in my own life as well.

As ambassador I look forward to fostering the deep friendship, strategic alliance and economic partnership between our countries. I'm fortunate to have studied Japanese history and culture, and to have visited your beautiful country. When I was twenty I accompanied my uncle, Senator Edward Kennedy, on a trip to Hiroshima. It left me with a profound desire to work for a better, more peaceful world.

第1章 スピーチの構成と書き方

- まずは挨拶

- 自分の立場を述べることで、スピーチの趣旨を説明

- 抱負を述べる表現

- 「自らの体験談＝パーソナル・ストーリー」を具体的に謙虚に挙げる

【語注】
ambassador: 大使
dedicate: 尽くす、献身する
public service: 公務
commitment: 献身、傾倒
as well: 同様に
look forward to...: …を楽しみにしている
foster: 育てる、はぐくむ
strategic alliance: 戦略的同盟
fortunate: 幸運な
accompany: 同行する
a profound desire: 切なる願い

【訳】
　こんにちは、キャロライン・ケネディです。ニューヨークのわが家へようこそ。オバマ大統領から駐日大使就任の要請を受け、非常に光栄に思います。公務に尽くす家庭に育った私は、真剣な取り組み、対話、協力を通じ、困難を解決しようと力を合わせる人々の姿を見てきました。それは私自身が人生で実践することを心がけてきたことでもあります。

　大使として、私は日米の緊密な友好関係、戦略的同盟、経済的パートナーシップを発展させていきたいと思います。幸運にも、私は日本の歴史と文化を学び、みなさんの美しい国を訪れたことがあります。20歳のとき、叔父のエドワード・ケネディ上院議員に同行して広島へ赴きました。その際の体験をきっかけに、よりよい平和な世界の実現に貢献したいと切に願うようになりました。

スピーチの書き方の例 キャロライン・ケネディの場合
助け合えば、世界を変えることができる

Track 03

Caroline Kennedy:

A few years later, my husband Ed and I returned to Nara and Kyoto on our honeymoon. Since that time I've seen firsthand how American and Japanese people are bound by common values. We share a commitment to freedom, human rights and the rule of law. My goal as ambassador is to build on the proud traditions of mutual respect and close partnership. I look forward to learning more and to making new friends.

As an author, educator and attorney, and as a mother, I've learned that we are all teachers and students in our own lives, and we can transform the world by helping one another. Ed and I have tried to pass this on to our three children, Rose, Tatiana and Jack.

I am humbled by the opportunity to represent the United States to one of our greatest allies and closest friends. Together our two countries have done much good for the world and we can do so much more. Thank you. Nihon de o-ai shimashou.

第1章 スピーチの構成と書き方

キャロライン・ケネディ

【語注】
firsthand: 直接に、じかに
bound: 結ぶ
mutual: 相互の
attorney: 弁護士、法律家
transform: 変形する
humble かしこまる、謙遜する
represent: 代表する
ally: 友好国、味方

【訳】
　その数年後には、新婚旅行で夫のエドとともに奈良と京都を訪れました。以来、日米両国民がいかに共通の価値観で結ばれているかを実際にこの目で見てきました。

　私たちは自由、人権、法の支配を守る決意を共有しています。大使としての私の目標は、長年培ってきたおたがいへの敬意と、緊密な協力関係という誇るべき伝統を強化することです。日本についての理解を深め、新しい友人をつくることを楽しみにしています。

　作家、教育者、弁護士、そして母として私が学んだのは、自分の人生において、私たちはみな教師であり生徒でもあるということです。そして、おたがいに助け合えば私たちは世界を変えることができます。エドと私は、このことを３人の子どもたち、ローズ、タチアナ、ジャックに伝えようとしてきました。

　アメリカにとっての最も重要な同盟国であり、最も緊密な友好国のひとつである日本で、アメリカを代表するという機会に恵まれたことに恐縮の思いを抱いています。日米両国はこれまで力を合わせて世界のために多大な貢献してきました。これからもともに貢献していきましょう。ありがとうございました。ニホンでオアイシマショウ。

---

bound「結ばれた」、**common**「共通の」、**share**「共有する」という語を用いることによって、ポジティブな印象を聞き手に与える

目標を明確に述べる

謹んで任務を受けるという表現

最後に、**Together** という語を用いて、「これまでしてきたように、これからもともに力を合わせていこう」という力強いメッセージを送って締めくくる。日本語をまぜるのも効果的

いかがでしたでしょうか。「日本国民」(To whom)に、「日本への強い想い」および「大使としての使命感」(What)を語ったスピーチです。では、ケネディ大使はそれを「どのように」(How)表現したでしょうか。

　まず、このスピーチはケネディ大使自身の気持ちが伝わってくるような「パーソナルなメッセージ」として仕上がっている点が印象的です。その特色をひと言で表すならば、"personal touch" ということにあるのではないかと思います。
　では、聞き手との距離感を感じさせず、聞き手が自分に向かって言われていると錯覚するような親近感を覚えるのはなぜでしょうか。

❶ 場所が自宅である
　Welcome to my home... と自宅に招待する一文でスピーチが始まっています。大使という立場でのスピーチでありながら、大使個人のメッセージのようなスタイルで、聞き手の気持ちをほぐし、聞き手との距離を縮める心憎い演出です。

❷ 日本との関わり
　日本への興味、日本への情熱について、広島を訪問したこと、日本文化・歴史を学んだこと、新婚旅行で奈良・京都を訪ねたことなど、自分の体験と関連づけながら語っています。your beautiful country という表現で相手に対する「敬意」(respect)を表すなど、細かい配慮も感じられます。こうしたパーソナルなストーリーを通して、日本に対する個人的な強い思いが聞き手の心にしっかりと刻まれていきます。

　一方で、ケネディ大使は個人的な感傷に浸ってばかりいるわけではありません。大使としての公務についてもしっかり言及しています。たとえば、大使としての使命感は、冒頭から4行目にある Growing up in a family dedicated to public service... という言葉に表れています。日米関係の絆については、deep friendship, strategic alliance, economic partnership というフレーズを効果的に使い、freedom, human rights, rule of law といった共通の価値観についても触れています。

こうした公の立場と個人的な思いが絶妙にブレンドされ、**「日本への強い想い」**＋**「大使としての使命感」**というスピーチの骨子が聞き手に伝わってきます。

また、スピーチを聞いた人が「ケネディさん、ぜひがんばってほしい」と感じてしまうのはなぜでしょうか。それは、we are all teachers and students in our own lives,... や、I am humbled by the opportunity to represent... といった文章に表れているように、言葉の端々に現われている**「謙虚さ」（humbleness）**に秘密があるのではないかと思います。「ケネディ家」という強力なブランドを持ちながらも、上から目線ではなく、「おたがいに学び合う」「機会に恵まれる」と述べる謙虚さが、聞き手への好感度アップにつながっているのではないでしょうか。そして、このような「謙虚さを感じさせる言葉」を用意することが、スピーチの原稿を書く上での戦略となっていることにも注目してみましょう。

きちんとまとまったスピーチでも、総花的なものは印象に残りません。自己紹介ひとつ取ってみても、通り一遍のコメントよりも、自分の興味のあることやこだわっていることに触れるスピーチの方が印象に残るのと同じです。

ケネディ大使のスピーチが示しているように、自分が相手に伝えたいものは何かをはっきりさせ、その根拠を示しながら、聞き手の共感を呼び込む筋書きに仕立てるのがコツです。「言うは易し」ですが、本書で実際のスピーチを鑑賞しながら、書き方のスキルをじっくり学んでいきましょう。

続いて本章では、稀代のスピーチの達人として名高いウィンストン・チャーチルの「血と労苦と涙と汗」、そしてエイブラハム・リンカーンの「ゲティスバーグ演説」を取り上げます。

チャーチルの「血と労苦と涙と汗」は、第二次大戦中に首相に就任した際の演説で、ノーベル文学賞を受賞した名文家でもあったチャーチルの代表的なスピーチのひとつとされるものです。

一方、リンカーンの「ゲティスバーグ演説」は、南北戦争の激戦の最中、理想の国家を追い求めて命を落としていった同胞たちを弔い、その遺志をむだにせんとして行われたもので、300語にも満たない短い演説ですが、今なお人々の心をゆさぶる言葉として語り継がれています。

Winston Churchill

Blood, Toil, Tears and Sweat

ウィンストン・チャーチル
イギリス首相

1874年、イングランド・オックスフォード生まれ。父は蔵相などを務めたランドルフ卿、母はアメリカ人。

陸軍士官学校を卒業後、インド出征、第二次ボーア戦争従軍などを経て、1900年に議員初当選。通商相、内務相を歴任し、第一次大戦中は海軍相、軍需相。

戦後、蔵相を務めた後、第二次大戦の勃発とともに再び海軍相に。40年、首相に就任し、戦争を主導。総選挙での大敗北を受けて45年に退任するが、51年には再び首相の座に返り咲く。55年、高齢により政界引退。65年、脳卒中により死去。

すぐれた文章家でもあり、53年には自著『第二次世界大戦』などの功績によりノーベル文学賞受賞。

イギリス国民が最も敬愛する歴史上の人物のひとり。

スピーチの背景

1940年5月13日、首相就任後、最初に行った国会演説です。チャーチルの前任者であるネヴィル・チェンバレン首相は、ヒトラーのドイツやムッソリーニのイタリアに対して宥和政策を取っていたものの、1939年9月にドイツがポーランドへの侵攻を開始し、第二次大戦突入を余儀なくされました。1940年4月にはドイツ軍のノルウェーおよびデンマークへの侵攻阻止に失敗し、同年5月10日のドイツ軍によるベネルクス3国侵攻で宥和政策は完全に破綻し、チェンバレンは首相辞任に追い込まれました。

その後任となったチャーチルは、ナチスを敵視した強硬姿勢で知られていましたが、就任時にはその強硬姿勢に疑問を抱く議員もおり、前政権を支持する者もいました。また、その政治手腕は未知数で、「お手並み拝見」というムードの中、チャーチルは新首相として早急にビジョンを示し、明確な戦略や方策を打ち出す必要がありました。

そうした中、首相就任3日後の初舞台で、チャーチルはナチスの脅威について切迫感をもって示しながら、挙国一致の必要性を語り、国民に心の準備をするよう訴えました。それが、この名スピーチとして名高い「血と労苦と涙と汗」です。"I have nothing to offer but blood, toil, tears and sweat."（私は、血、労苦、涙、そして汗以外の何も提供するものはない）という言葉に国民は戦争が避けられないことをあらためて認識させられました。

従軍記者の経験もあり、すぐれた文章家また大変な読書家であったチャーチルは、言葉の重要性を熟知していました。緊迫した時代背景をイメージしながら、名スピーチの言葉の重みをじっくり味わってみましょう。

Section 1

たった1日で組閣しなければならなかった

Sir Winston Churchill:

Mr Speaker, on Friday evening last I received His Majesty's commission to form a new Administration. ❶ It was the evident wish and will of Parliament and the nation that this should be conceived on the broadest possible basis and that it should include all parties, both those who supported the late Government and also the parties of the Opposition.

❷ I have completed the most important part of this task. A War Cabinet has been formed of five Members, representing, with the Liberal Opposition, the unity of the nation. The three party Leaders have agreed to serve, either in the War Cabinet or in high executive office. The three Fighting Services have been filled. It was necessary that this should be done ❸ in one single day, on account of the extreme urgency and rigour of events.

Friday evening last: 先週金曜夕方（古い言い方）
His Majesty: 国王。エリザベス女王は Her Majesty と呼ばれるが、当時の国王ジョージ6世は男性なので His が使われている
commission: 任務。総選挙で勝利した政党の党首は国王から首相の任命を受ける
Administration: 政権
conceive: 作られる、思い描く
opposition: 野党

War Cabinet: 戦時内閣

Liberal: 自由党
the unity of the nation: 労働党国民政府派

Fighting Services: 陸海空軍

on account of...: …の理由で
rigour: 過度の厳しさ、耐えがたい苦難

※イギリスのスピーカーの場合、イギリス英語表記を採用しています。

第1章 スピーチの構成と書き方
ウィンストン・チャーチル vs エイブラハム・リンカーン

 ここがスピーチの達人技！

❶ It is A that Bは、Aの部分を強調する、いわゆる「強調構文」。ここでは国会と国民の意向を重視する姿勢を強調構文によってアピールしています。強調構文は、**It is** our company's basic policy **that** safety is given top priority.（安全性の最優先はわが社の基本方針であります）のように、ビジネスのプレゼンなどでもよく使われます。

❷ 首相就任直後のまだまだお手並み拝見モードといった雰囲気の中、枝葉の部分はともかく幹の部分はしっかり押さえたと言えば、議員も国民も安心します。ビジネスでも、「細かいことはこれからですが…」と入るのではなく、重要な部分はすでに終わっていることをスパッと言い切ってしまう勇気を持ちましょう。

❸ in one single dayという言葉に「たった1日で」という気持ちが込められています（in one single day＞in one day＞in a dayの順に強調の度合いは強くなります）。ビジネスでも、The new product generated revenue of 100 million yen **in one single month**.（新製品はたった1カ月で1億円の売上を計上した）などと使えます。

【訳】
　議長、先週金曜日の夕刻、国王より新内閣組閣の大命を賜りました。新内閣は最大限に幅広く組成され、全政党、すなわち前政権を支持した政党および野党の双方が含まれるべきであるということは、議会と国民の明確な希望であり意向でもあります。

　私は組閣の最も重要な部分を終えました。戦時内閣は、野党である自由党、労働党国民政府派の議員を含む5名から成ります。3党のリーダーは、戦時内閣ないしは業務執行室の任務に就くことに合意しました。陸海空軍の3つのポストも埋まりました。事態の緊急性と厳しい状況を鑑み、わずか1日で組閣することが必要でありました。

Section 2

国民の利益を考え議会の招集を求めた

Sir Winston Churchill:

A number of other key positions were filled ❶ yesterday, and I am submitting a further list to His Majesty tonight. I hope to complete the appointment of the principal Ministers during tomorrow. The appointment of the other Ministers usually takes a little longer, but I trust that when Parliament meets again, this part of my task will be completed, and that the administration will be complete in all respects.

❷ So, I considered it in the public interest to suggest that the House should be summoned to meet today. Mr Speaker agreed, and took the necessary steps, in accordance with the powers conferred upon him by the Resolution of the House. At the end of the proceedings today, the Adjournment of the House will be proposed until Tuesday, the 21st of May, with, of course, provision for earlier meeting if need be. ❸ The business to be considered during that week will be notified to Members at the earliest opportunity.

I now invite the House, by the Resolution which stands in my name, to record its approval of the steps taken and to declare its confidence in the new Government.

---

submit: 提出する

appointment: 任命
principal: 主な

in all respects: あらゆる点で

summon: 召喚する、招集する

in accordance with...: …に従って
confer: (贈り物・名誉などを)授与する、贈る
Resolution: 決議
proceeding: 手続き、議事録
Adjournment: 延会、散会
provision: 条件、条項
if need be: 必要であれば (= if necessary。古く堅い言い方)
notify: 知らせる
Members: ここでは国会議員のメンバーを指す。何を指すか特定できる場合、このように固有名詞と同じく大文字で書き始めることがある

confidence: 信任

第1章 スピーチの構成と書き方
ウィンストン・チャーチル vs エイブラハム・リンカーン

 ここがスピーチの達人技！

❶ yesterday、tonight、tomorrowといった語句で時系列を表すことによって作業の進捗状況をわかりやすく伝え、スケジュールをしっかり立てて計画に沿ってやるべきことを着実にやっていることをアピールしています。時間がかかりそうな作業についても、I trust that... will be completed... と述べ、聞き手を安心させています。

❷ ここでも、あくまでも国民の利益（public interest）を最優先で考えるという姿勢を示しています。

❸ at the earliestは「できるだけ早い機会に」という表現。この場合は自分から申し出ているわけですが、ビジネスメールなどで相手からできるだけ早く回答が欲しいときは、at your earliest convenience（ご都合がつき次第）と言います。心の中で「大至急返事をよこせ！」と叫んでいるときでも、I appreciate your reply **at your earliest convenience**.（恐縮ですが、至急ご回答をお願いします）とするのが大人の対応ですね。

【訳】

その他の多数あるポストのうち、主要ポストは昨日決定済みであり、追加の名簿を本日国王に提出する予定です。上級大臣の指名は明日中に終わらせたいと思います。他の閣僚の指名は通常もう少し時間を要するものですが、次の国会招集時には新内閣組閣にかかわる私の仕事は完了し、内閣はすべての面において成立していることになります。

私は国民の利益を考えて、議会が本日招集されることを提案しました。議長には同意していただいており、議会決議による議長権限に従って必要な手続きを踏みました。本日の最後の議題として、5月21日火曜日までの散会を提案しますが、当然のことながら必要とあらばそれ以前に会合を開きます。その週になすべき仕事に関しては、可能なかぎり早く議員のみなさんに通知します。

それでは、私の名のもとにおいて有効である動議により、議会に対し手続きの承認と新内閣信任の宣言を願います。

Section 3

血、労苦、涙、そして汗以外に提供するものはない

Sir Winston Churchill:

To form an Administration of this scale and complexity is a serious undertaking in itself, but ❶ it must be remembered that we are in the preliminary stage of one of the greatest battles in history, that we are in action at many points in Norway and in Holland, that we have to be prepared in the Mediterranean, that the air battle is continuous and that many preparations have to be made here at home.

In this crisis I hope I may be pardoned if I do not address the House at any length today. I hope that any of my friends and colleagues, or former colleagues, who are affected by the political reconstruction, will make all allowances, for any lack of ceremony with which it has been necessary to act.

I would say to the House, as I said to those who have joined the government: ❷ "I have nothing to offer but blood, toil, tears and sweat." We have before us an ordeal of the most grievous kind. We have before us many, many long months of struggle and of suffering.

undertaking: 仕事、約束

preliminary stage: 初期段階

make allowance for...: …を大目にみる、酌量する
ceremony: 儀式。ここでは、「必要な手続き」の意

toil: 労苦、苦しい仕事
ordeal: 試練
grievous: 重大な、危機的な

第1章　スピーチの構成と書き方
ウィンストン・チャーチル vs エイブラハム・リンカーン

ここがスピーチの達人技！

❶ このmustは、戦争がまだ始まったばかりであることを肝に銘じるのにピッタリの、非常に強いニュアンスを持った助動詞。助動詞にはcan / could、will / would、may / might、shouldなどがありますが、用法をしっかり理解して正しくニュアンスを伝えることができるようになれば、非常に強力な武器となります。

❷ チャーチル名言集にも登場する名句です。いくら戦争が始まっていることが明らかとはいえ、「戦争だ、死ぬ気で戦え！」と言うのは、あまりにも直接的です。直接的な言い方は避けたいけれど、はっきり伝えるべきことは伝えなければならないときに比喩は効果的です。blood、toil、tears、sweatはどれも議員や国民にとっては聞きたくない重い言葉です。この言葉が意味するところは明らかですが、それでも比喩的な表現によって、多少やさしく響きます。一国のリーダーとして、言いにくいことをどうしっかりと伝えるか、考え抜かれた言葉と言えるでしょう。

【訳】
　この大規模かつ複雑な内閣の組閣は、それ自体が重大な任務です。しかし、我々は史上最大の戦争のひとつといえる戦いの入り口にいることを覚えておかねばなりません。ノルウェーとオランダでは多くの場所で戦闘が行われています。地中海における戦闘の準備もしなければなりません。空中戦は今なお続いております。イギリス国内においても多くの準備が必要です。こうしたことを忘れてはなりません。

　このような危機的状況において、本下院議会での本日の演説が性急なものになってしまったとしても、ご容赦いただけることと思います。友人や同僚の議員たち、あるいはかつての同僚の中には、今回の政治的再編によって大きな影響を被る方々もおいでのことと思いますが、たとえ手続きを省略してでも行動に移す必要があったことを斟酌していただければ幸甚です。

　すでに入閣した者には伝えましたが、私はこの下院議会で申し上げたいと思います。「血、労苦、涙、そして汗以外に、私には何も提供するものはない」と。われわれの目の前には、かつてない重大な苦難が立ちはだかっています。我々の目の前には、長い歳月に及ぶ苦労と苦痛が待ちかまえているのです。

Section 4
力を結集して ともに前進しようではないか

Sir Winston Churchill:

❶ You ask, what is our policy? I will say: It is to wage war, by sea, land and air, with all our might and with all the strength that God can give us; to wage war against a monstrous tyranny, never surpassed in the dark and lamentable catalogue of human crime. That is our policy.

❶ You ask, what is our aim? I can answer in one word: ❷ Victory, victory at all costs, victory in spite of all terror, victory, however long and hard the road may be: for without victory, there is no survival. Let that be realised; ❸ no survival for the British Empire, no survival for all that the British Empire has stood for, no survival for the urge and impulse of the ages, that mankind will move forward towards its goal.

But I take up my task with buoyancy and hope. I feel sure that our cause will not be suffered to fail among men. At this time I feel entitled to claim the aid of all, and ❹ I say, "come then, let us go forward together with our united strength."

wage:（戦争で）闘う

might: 力

surpass: 上回る、超える
lamentable: 悲惨な

stand for:（主義・階級などのために）戦う・抵抗する、支持する
urge: 衝動、強い希望
impulse: 衝動、刺激、鼓舞

buoyancy: 浮力、回復力
cause: 大義、理念

entitled to...: …する資格がある
claim: 要求する

第1章　スピーチの構成と書き方
ウィンストン・チャーチル vs エイブラハム・リンカーン

ここがスピーチの達人技！

❶ You ask... I will say / I can answer... という問答形式で、議員や国民が持つであろう疑問について、わかりやすく明確にコメントしています。聞き手が何を知りたいのかというポイントをしっかりと落とし込んでいますね。チャーチルのスピーチが心の奥に響く一因には、このように議会や国民の目線に立って語っているという点が挙げられるのではないでしょうか。

❷ victoryという言葉を立て続けに5回使っています。前の文の最後の単語で次の文を始める「首句反復」という古典的な手法ですが、聞き手の脳裏にキーワードを焼き付けるのが目的です。まるで勝つことを暗示にかけられているようです。

❸ 前文のwithout victory, there is no survival.でvictoryとsurvivalをリンクさせた上で、❷と同様、survivalという語を3度繰り返しています。

❹ 締めの決めゼリフです。I say... と前置きして、「…しようではないか」と議員、そして国民に向かって話しかけるスタイルを取ることによって、聞き手はチャーチルから直接自分に言われたような気持ちになります。プレゼンなどでも使えそうですね。

【訳】
「我々の方針は何か？」と問われたなら、こう言いましょう。それは神に与えられたあらゆる力をもって、陸海空において戦うことであると。人類が犯した罪の暗く痛ましい歴史においても類を見ない、途方もない暴政に対して戦うことであると。これが我々の方針です。

「我々の目標は何か？」と問われたなら、一言で答えられます。それは勝利である、と。どのような犠牲を払おうとも勝ち、どのような恐怖が待ち受けていようとも勝つのです。どれほど長く険しい道のりであろうとも勝つのです。なぜなら、勝利なくして生き残ることはできないからです。勝利を実現させようではありませんか。勝利しなければ、大英帝国は失われるのです。大英帝国がそのために戦ってきたものが全て失われるのです。人類が目標に向かって歩み続けるであろうこの時代の強い思いや希求も失われるのです。

しかし私はこの任務を高揚感と希望を持って引き受ける所存です。我々の大義は失敗には終わらないと確信しています。今この時、諸君の協力を求めたいと思います。そして、こう申し上げたい。「さあ、力を結集し、ともに前進しようではないか」と。

Abraham Lincoln
The Gettysburg Address

エイブラハム・リンカーン
アメリカ合衆国大統領

　1809年、ケンタッキー州の貧しい家庭に生まれる。弁護士、イリノイ州上院議員などを経て、61年、アメリカ合衆国第16代大統領に就任。直後、奴隷制度廃止に反発した南部との間に内戦が勃発し、南北戦争に突入。62年、奴隷解放宣言により南部支配地域の奴隷たちの解放を命じる。65年4月9日、南部連合のリー将軍が降伏し、指揮官として北部を勝利に導き南北戦争は終わりを告げるが、わずか数日後の4月14日、観劇中にピストルで撃たれ、翌15日死亡。アメリカ史上初の凶弾によって倒れた大統領となった。

　黒人が奴隷として売られているのを見て衝撃を受けたのが原体験となり奴隷解放運動を進め、歴代大統領の人気ランキングでは、建国の父と称されるジョージ・ワシントンやトーマス・ジェファーソンらと並んで現在でも必ず上位に登場する。

スピーチの背景

　1863年11月19日にペンシルバニア州ゲティスバーグで行われたこの演説は、キング牧師の「私には夢がある」(I Have a Dream)やジョン・F・ケネディの大統領就任演説と並んで、おそらく最も有名な演説のひとつと言えるでしょう。「合衆国憲法」や「独立宣言」と並んでアメリカの歴代大統領によく引用され、アメリカの学校でも必ず勉強する演説です。

　この演説は、南北戦争で命を落とした兵士たちを追悼するために、ゲティスバーグの国立戦没者墓地の奉献式において行われました。祈るような調子の小声で行われ、当時はそれほど大きな注目を集めなかったものの、新聞に取り上げられたことにより心を動かす名演説として広まっていったと伝えられています。また、この演説の前に別の人物が2時間に及ぶ基調演説を行っていたため、リンカーンは短く済ませるように言われていたそうです。そのため、全部で約270語という3分にも満たない極めて短い演説になっています。

　リンカーンはすべてにおいて準備を念入りに行うことで知られていましたが、この短い演説に関しても、時間をかけて直前まで推敲していたと言われています。ただし、演説の終わりに登場する「神のもとでこの国を」(that this nation, under God)という文言は即興で付け加えられたとのことです。リンカーンは演説の文言を変えると、その旨を後で詫びるのが常であったそうですが、この個所については詫びなかったというエピソードが残っています。信仰心が厚いと評されるリンカーンの人柄をうかがい知ることのできる逸話です。

　アメリカ史上初のアフリカ系大統領となったオバマ大統領は、所属する政党こそ違えど同じくイリノイ州選出の上院議員であったリンカーンに深い尊敬の念を抱いており、その言葉を自身の演説に好んで引用しています。二期目の就任演説の冒頭でも、このゲティスバーグ演説の有名な最後の一節 **"government of the people, by the people, for the people"**（人民の人民による人民のための政府）を用いています。

Section 1

この国は自由のもとに築かれ、人はみな平等であるという考えにささげられた

Abraham Lincoln:

❶ Four score and seven years ago our fathers brought forth on this continent, a new nation, conceived in Liberty, and dedicated to the proposition that all men are created equal.

❷ Now we are engaged in a great civil war, testing whether that nation, or any nation so conceived and so dedicated, can long endure. We are met on a great battle-field of that war. ❸ We have come to dedicate a portion of that field, as a final resting place for those who here gave their lives that that nation might live. It is altogether fitting and proper that we should do this.

But, in a larger sense, we can not ❹ dedicate, we can not consecrate, we can not hallow, this ground. The brave men, living and dead, who struggled here, have consecrated it, far above our poor power to add or detract. ❺ The world will little note, nor long remember what we say here, but it can never forget what they did here.

---

score: 20（の単位）。four score で 80 を表す
our fathers: 建国の父
bring forth: 生み出す
conceive: 思い抱く
dedicate: 捧げる
proposition: 意見。続く all men are created equal は独立宣言中の有名な 1 文

civil war: 内戦。ここでは南北戦争を指す
endure: 続く

final resting place: 永遠の地、墓

proper: ふさわしい、適した

consecrate:（神に）捧げる
hallow: 神聖化する

detract: 損なう、減らす
note: 気づく、注目する

ウィンストン・チャーチル vs **エイブラハム・リンカーン**

ここがスピーチの達人技！

❶ 出だしが four score and seven years ago（87年前）とリズムよく始まります。まずアメリカ建国という原点に立ち返ることによって愛国心に訴えかける力強い出だしです。なお、Libertyが大文字で始まっているのは、アメリカが自由の国であり、自由を信条につくられた国であることを強調しているためです。

❷ 「アメリカ国民」ではなく、あえてweという語を使うことによって、ここに集った人たちの意志を強調しつつ、南北戦争が大義のためのものであったことを印象的に訴えかけています。また、that nation, or any nation（アメリカのみならず、いかなる国でも）と述べることにより、同時代の自由を求める他の闘いに励ましを与えるという意味が込められています。南北戦争がいかに自由と正義のために行われた戦争であったのか、アメリカのみならず他の自由を希求する人たちからも注目されていたのかを示しています。

❸ 演説の当初の目的である戦没者たちへの追悼に言及しています。

❹ dedicate（捧げる）、consecrate（神に捧げる）、hallow（神聖化する）と動詞を3つ重ねることにより、参列者たちによってこの場所が神聖なものとして捧げられるのではなく、あくまでも大義のために戦った人たちの存在がこの場所を神聖なものにしていると強調しています。いわば、この文が演説の最後の部分への「まくら」となっています。

❺ will little note, nor long rememberとcan never forget以下を対比させ、この地での戦いがいかに重要であり、尊い犠牲が払われたかを強調しています。

【訳】

87年前、建国の父たちは、この大陸に新たな国を築き上げました。その国は自由のもとに構想され、人はみな平等であるという考えに捧げられました。

我々は今、大変な内戦の最中にあります。はたしてこの国が、あるいは同じように構想され捧げられた国が、この先も存続できるのかという試練の時を迎えています。我々はその戦争の激戦地に集っています。ここにやって来たのは、この国を生きながらえさせるために命を投げうった人々が最後に眠る場所として、この戦場の一角を捧げるためです。これぞ我々にとってふさわしい、理にかなった行動です。

しかし、より大きな意味においては、我々がこの土地を捧げることはできません。この土地を神に捧げ、聖なるものとすることなどできないのです。なぜなら、生きている者であれ死者であれ、この地で奮闘した勇敢な人々こそがすでにこの土地を聖なるものとしているのであり、それに対して付け加えることも差し引くことも我々の貧弱な力の及ぶところではないからです。世界は我々がここで話すことにほとんど注意も払わず、長く記憶に留めもしないでしょう。しかし、勇敢な人間たちがこの地で行ったことを世界が忘れることは決してありません。

Section 2

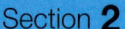

人民の、人民による、人民のための政府が、決して地上から消え去ることがないように

Abraham Lincoln:

It is for us the living, ❶ rather, to be dedicated here to the unfinished work which they who fought here have thus far so nobly advanced. It is rather for us to be here dedicated to ❷ the great task remaining before us: that from these honored dead we take increased devotion to that cause for which they gave the last full measure of devotion; that we here highly resolve that these dead shall not have died in vain; that ❸ this nation, under God, shall have a new birth of freedom; and that ❹ government of the people, by the people, for the people, shall not perish from the earth.

thus far: これまで
nobly: 気高く

devotion: 献身
cause: 大義、理念
last full measure of...: 最大限の…
resolve: 決意する、宣言する

perish: 消滅する、消え去る

第1章 スピーチの構成と書き方
ウィンストン・チャーチル vs **エイブラハム・リンカーン**

ここがスピーチの達人技！

❶ ratherを効果的に繰り返して使うことによって、「むしろ、我々生きている者こそがやらねばならないのだ」というメッセージが力強く伝えられています。また、その後の文も含め、dedicated（身を捧げる）、devotion（献身）という語もそれぞれ2回繰り返されています。

❷ 未完の仕事として、生き残った者たちが守っていかなくてはならない責務が列挙され、ここで戦った人々がめざした目標を必ず守らねばならないと強く訴えかけています。また、thatで始まる部分が4つ続き、並列に並ぶ構造となっており、thatが並ぶことでリズムが出ています。

❸ 「この国」と「神の導きのもと」という語が組み合わされて強調されています。

❹ この表現をスピーチに用いたのはリンカーンが最初ではないという指摘もありますが、ここまで有名にしたのは何といってもこの演説の力でしょう。人民が主体となって自由の国をつくっていく、そのために犠牲になった尊い努力を決して忘れないという誓いのもとで、印象的に響く言葉です。マッカーサー元帥が日本国憲法の前文にこのくだりを取り入れたというのも有名な話です。

【訳】
　むしろ、我々生きる者こそが、この地で戦った人々がこれまで気高くも進めてきた未完の仕事を完遂するために、この場所で身を捧げるべきなのです。我々こそが、目の前に残されている大いなる責務に対し、この場所で身を捧げるべきなのです。名誉の戦死を遂げた者たちが命のかぎり最後まで身を捧げた大義に一層の献身をもってあたること、戦没者の死を無駄にしないと高らかに決意すること、神の導きのもとで、この国に新たなる自由の誕生をもたらすこと、人民の、人民による、人民のための政府が決して地上から消え去ることがないようにすること、そういった大いなる責務に身を捧げるべきなのです。

コ ラ ム

よいスピーカーの条件とは？ ①
　　　　　　　　　　——気をつけたい3つのポイント

　毎年、多いときで10件、少ないときでも5件のスピーチコンテストのジャッジをしますが、その際に私がよいスピーカーの条件として挙げるのは以下の3点です。

❶ Tell your story（自分のストーリーを話す）
❷ Vary your voice（声のトーンに変化をもたせる）
❸ Stick to your message（メッセージを一貫させる）

　第1のポイントとして、スピーチを聞く側からすると、本や新聞・雑誌ですでに言われていることではなく、そのスピーカー個人が頭で考え、心で感じたことを聞きたいということが挙げられます。どこかで誰かが言っていたことをそのまま繰り返したようなスピーチではなく、その人の個性が伝わるエピソードを、その人の感覚で語ってほしいのです。
　2番目に、スピーチとは音声で伝えるものです。聞き手にとっては一回しか聞くことができません。そこが本を読んでいる場合と大きく違うところです。ですが、音声で伝えるということには大きなアドバンテージがあります。「声の抑揚」「間の取り方」「話す速度」を変えることによって、聞き手の注意を喚起することができるからです。これを使わない手はありません。話し方が平板にならないように工夫するだけで、どれほど大きく聞き手の気持ちを引きつけられるかわかりません。
　3番目がいちばん大事な点で、言うまでもないことですが、「メッセージがブレない」ことです。最初から最後まで一貫して自分の主張が論理立てて述べられているか、強調すべきことに然るべきデータや裏付けを加えて述べているか、その点を確認してみてください。矛盾した点があると、結局、何が言いたかったのかがぼやけてしまい、せっかくのスピーチが台無しになってしまいます。自分が主張したいことを中心にスピーチを構成することが何よりも重要になってきます。

John F. Kennedy
ジョン・F・ケネディ

Catherine Duchess of Cambridge
キャサリン妃

第2章
スピーチの話し方

スピーチの話し方

　前章では第一段階として、「構成」という観点からスピーチの書き方を説明しました。まずは、この「構成」という骨子がしっかりしていないと、スピーカーの言わんとしていることが伝わりません。

　しかし、せっかく訴えたいことが効果的に伝わるように構成を考え、入念にスピーチ原稿を準備したところで、肝心の「伝え方」がうまくいかなければ元も子もありません。スピーチでポイントとなるのは、中身もさることながら、「どう聞き手に訴えるか」、つまり「話し方」なのです。

　では、訴えたいことを効果的に伝える話し方とは、いったいどのようなものなのでしょうか。ここで注意すべき「話し方の10のポイント」をみていきましょう。

話し方の10のポイント

① Volume（音量）

「単調さ」（monotone）を避けるために、強調する部分は大きく、その他は抑え気味にする、棒読みせずにメリハリをつけるなど、声の音量を変化させることが必要です。**「聞きやすく」「気持ちを入れて」**ということを心がけましょう。男性は最初から最後まで熱くなって、かえって一本調子になりやすいので気をつけてください。女性は低めの声のほうが相手に安心感を与えるのでベターです。

② Speed（速さ）

「あまり速くなりすぎずに」（Not too quickly）。緊張するとつい早口になってしまいがちですが、スピードについていけなくなると聞き手はしらけてしまうリスクが増大します。**「スピードのコントロール」**（controlling speed）を目指しましょう。

③ Pitch（音域）

「音域をフルに使う」（Use the full voice range.）ことが基本です。全体は低めのトーンに抑えながら、強調する部分は高めにするなど、単調さを防ぐために声の音域に幅を持たせることを意識してみましょう。聞き手が退屈そうにしていたら声のトーンを変えてみるとよいでしょう。

④ Emphasis and Phrasing（強調・言い回し）

「短く、簡潔な表現を」(Keep phrasing short and succinct.)。核となるメッセージが聞き手の心にストレートに飛び込んでいくのが理想的です。そのお膳立てとして、例や比喩、データ（数字）、根拠といったものを利用すると有効です。

⑤ Pausing and Pacing（間の置き方とペース）

「間を置くことでも強調は生まれる」(Emphasis can be created also by the use of the pause.) と言われるくらい「間の置き方」(pausing) は重要です。強調するときに一拍「間」を置く手法は意外と有効なので、「ここぞ」というところで使ってみましょう。また、文と文をつなぐ際は、err / um（日本語の「えー」「あー」）ではなく、間を置くように心がけましょう。err / um を使う場合も、あまり多いと耳障りになるので気をつけましょう。

⑥ Dictions（言葉遣い）

「どうすればわかりやすく簡単に伝えられるか？」(How easily am I understood?) と常に自問しながら言葉を選ぶ姿勢が大切です。専門用語（jargon）を避け、なるべく噛み砕いた言い回しを心がけるなど、

聞き手への配慮を忘れないようにしましょう。また、I、me、mine は個人的体験を述べるときに限定し、なるべく you、we、us を使うようにすると、聞き手との一体感を生むことができます。

⑦ Clarity（明瞭さ）

「テーマはわかりやすく」（Make the subject easy.）。専門用語の羅列は避けましょう。また、"rubbish words"（役に立たないムダな意味のない語）と言われる、basically（基本的には）、actually（実のところ）、sort of（いわば）、to be perfectly honest（正直なところ）、at the end of the day（結局のところ）といった語は、優柔不断な印象を与える可能性がある場合には避けたほうがよいでしょう。"iffy words"（「たられば」を表す語）と呼ばれる、possibly（ひょっとしたら）、hopefully（できれば）、maybe（たぶん）、try（やってみる）、perhaps（もしかすると）なども同様です。スピーカーには「曇りのない」(no fog) 主張が求められるので、迷いがあると思われるような語は使わないほうがよいでしょう。

⑧ Face, Mouth（顔・口の表情）

「ニヤニヤするのではなく、暖かみのある笑顔を」（Aim at warmth—smile, but not an inane grin.）。意味もなくニヤニヤ笑うのはマイナスです。日本人のよくやる照れ笑いも同じ。顔の表情は「視覚の財産」(visual asset) と呼ばれます。「暖かみ」(warmth) と「楽しさ」(enjoyment) を与える表情を演出してみましょう。

⑨ Eye Contact（視線）

「視線を向けるのは 0.75 秒まで」（Rest on individuals on 3/4 seconds.）。人前で話していると、よくうなずいたり、じっくり聞いてくれたりしている人のところについ視線を向けがちです。ただし、特定の個所に集中せず、まんべんなく聞き手全体に目を配ることが大切です。日本人が苦手とするところなので意識してやってみましょう。

⑩ Hand and General Movement（手および全体の動き）

「極端にならないように、自然に」（Use naturally, beware the extremes.）。ジェスチャーも非常に有効な武器となります。ただし、手や全体の動きに気合いが入りすぎていると、かえって不自然な印象を与えてしまうので、できるかぎり自然にふるまっているように見せるよう練習してみましょう。

以上の10のポイントをすべて完ぺきにできるようになるのが理想ですが、エラそうに解説している私たちだって、実際には自分の描いたシナリオ通りにいかないこともありますし、高鳴る心臓の鼓動と無縁でいられるわけでもありません。Everyone gets nervous.（誰だって緊張はする）という言葉もあるように、緊張しないようになることを夢見るよりも、緊張をどう克服していくかを自分なりに考えるのが現実的なのではないでしょうか。結局は、練習を重ねるのが一番というオーソドックスな答えにたどりつくのかもしれません。

　さて、本章ではスピーチの達人として知られるジョン・F・ケネディの、中でも伝説的な名スピーチとして今なお語り継がれている大統領就任演説を素材に、訴えたいことを聞き手に効果的に伝える話し方を学んでみましょう。

John F. Kennedy

Inaugural Address

ジョン・F・ケネディ
アメリカ合衆国大統領

　1917年、マサチューセッツ州ボストンにアイルランド系移民の実業家の次男として生まれる。ハーバード大学卒業後、海軍に入隊し第二次大戦に従軍。終戦後の46年、下院議員当選。60年の大統領選挙で民主党候補となり、共和党のリチャード・ニクソンとの激戦の末、61年、アメリカ史上最年少となる43歳の若さで第35代大統領に就任。翌62年、ソ連によるキューバでの核ミサイル基地建設に端を発した「キューバ危機」の回避に成功。長期的展望に立つ「ニューフロンティア政策」を掲げ、世界平和のために話し合いによる外交を主張し、公民権運動にも尽力したが、63年、遊説先のテキサス州ダラスでパレード中に暗殺された。

スピーチの背景

　1961年1月20日に行われた伝説的な大統領就任演説。前年の大統領選挙で民主党候補として共和党のリチャード・ニクソンを破り、43歳という若さで大統領に就任したケネディは、選挙で選ばれたアメリカの大統領としては最も若く、また初の20世紀生まれの大統領でもありました。就任後はキューバ危機、ベルリンの壁建設、ソ連との宇宙開発競争など、東西の冷戦構造がますます深まっていきますが、そのような時代の暗雲が垂れこめようとしている中、新しい未来を語る若き大統領に対する期待と熱気が感じられる演説です。

　この演説の動画を見ると、ケネディが拳を軽く握り、重要なところではリズムをとるようにして熱弁をふるっているのがよくわかります。

　よいスピーチとは、個々の文や表現に工夫や独自性があり、それによって聞く人の心を惹きつけるということもさることながら、聞き終えた後に全体の余韻が残り、スピーカーの言おうとしていたことが鮮やかに心に残るものでもあります。

　伝えたい内容を聞き手に届けるための工夫として、話し方では主として次の3つのテクニックが用いられています。

❶ゆっくりとスピードを落としてよく聞こえるようにする
❷大切な部分を強調して発音する
❸肝心な部分に差し掛かる前に「ポーズ（間合い）」を入れる

　印象に残るようにするために、❶「ゆっくり」と❷「強調して」話すというのはすぐ思いつくかもしれませんが、❸の「間」をいかに上手に置くかで伝わり方がまるで違ってきますから、ケネディ氏の伝説的なスピーチで、ぜひその感覚をつかんでみてください。

Section 1

世界は大きく変貌している

John F. Kennedy:

Vice President Johnson, Mr. Speaker, Mr. Chief Justice, President Eisenhower, Vice President Nixon, President Truman, Reverend Clergy, fellow citizens:

❶ We observe today not a victory of party but a celebration of freedom, ❷ symbolizing an end as well as a beginning, signifying renewal as well as change. For I have sworn before you and Almighty God the same solemn oath our forebears prescribed nearly a century and three-quarters ago.

❸ The world is very different now. For man holds in his mortal hands the power to abolish all forms of human poverty and all forms of human life. ❸ And yet the same revolutionary beliefs for which our forebears fought are still at issue around the globe: the belief that the rights of man come not from the generosity of the state but from the hand of God.

Reverend Clergy: 聖職者。reverend は聖職者の尊称

observe: 祝う

Almighty God: 全能の神
solemn: 厳粛な
oath: 誓い
forebear: 先祖
prescribe: 定める

mortal: 死を免れない、人間の
abolish: 廃止する、撤廃する

revolutionary belief: 革命的な信念。ここではアメリカ独立戦争で掲げた理念を指す
at issue: 未解決の

generosity: 寛容さ

第 2 章　スピーチの話し方

ジョン・F・ケネディ vs キャサリン妃

ここがスピーチの達人技！

❶ not A but B（AではなくBである）の構文を効果的に使っています。このセクションの最後に登場する有名な決めゼリフ "the rights of man come not from the generosity of the state but from the hand of God."（人間の権利は国家の寛大さによって与えられるのではなく、神の手によって授けられる）でも同じ構文が使われています。

❷ endとbeginningを鮮やかに対比しています。また、続けてA as well as B（BだけでなくAも）のパターンを使ってrenewal（再生）とchange（変化）を対比しています。印象付けるための巧みなレトリックです。

❸ 「世界は変わった」と言い切ることでまずインパクトを与えつつ、その後のAnd yet the same revolutionary beliefs... are still at issue（それでも革命的な信念は今なお実現されていない）と述べることでメッセージが際立つ工夫がなされています。

【訳】
　ジョンソン副大統領、下院議長、最高裁長官、アイゼンハワー前大統領、ニクソン前副大統領、トルーマン元大統領、聖職者の方々、そして国民のみなさん。

　今日という日を、政党の勝利ではなく、自由の讃歌として祝福しましょう。これは終わりであると同時に始まりを象徴し、再生であると同時に変化を意味します。なぜなら、みなさんと全能の神の前で私が立てた厳粛な誓いは、我々の先祖が1世紀と4分の3近く前に定めた誓いと同じものだからです。

　今、世界は大きく様変わりしています。なぜなら、あらゆる形態の貧困を撲滅するだけでなく、あらゆる生命を根絶する力を神ならぬ人間が握っているからです。にもかかわらず、我々の先祖が戦った革命の信念、すなわち人間の権利は国家の寛大さによって与えられるのではなく、神の手によって授けられるのだという信念は、世界中でいまだに実現されていません。

Section 2

たいまつはアメリカの新たな世代に手渡された

John F. Kennedy:

❶ We dare not forget today that we are the heirs of that first revolution. Let the word go forth from this time and place, to friend and foe alike, that ❷ the torch has been passed to a new generation of Americans: born in this century, tempered by war, disciplined by a hard and bitter peace, proud of our ancient heritage, and unwilling to witness or permit the slow undoing of those human rights to which this nation has always been committed, and ❸ to which we are committed today at home and around the world. (Applause)

Let every nation know, whether it wishes us well or ill, that we shall pay any price, bear any burden, meet any hardship, support any friend, oppose any foe to assure the survival and the success of liberty. (Applause)

❹ This much we pledge and more.

---

heir: 後継者
let the word go forth: 言葉を伝えていこう
foe: 敵

torch: たいまつ

temper: 鍛える
discipline: 訓練する
heritage: 遺産
undoing: ほどくこと、取り消し

well or ill: 韻をふんでいる

第 2 章　スピーチの話し方

ジョン・F・ケネディ vs キャサリン妃

ここがスピーチの達人技！

❶ 最初の革命、すなわちアメリカの独立革命が歴史を通じていかに連綿と受け継がれているかを訴えかけ、政府がしようとしていることは独立革命の継承であるという位置付けをしています。また、次の文のLet... という言い方はこのあとも出てきますが、「ともにやっていこう」というメッセージを効果的に表します。

❷ この文に続いて、具体的なイメージを挙げながらアメリカの新しい世代を示しています。そして、それを継承していくのが自分の役割であると約束をしています。

❸ 後のアメリカ大統領の演説にもよく出てくるフレーズです。

❹ アメリカ大統領として神より任務を委託されたと厳粛に誓うスピーチの型を踏襲しています。We pledge this muchを倒置させた構文です。

【訳】
　我々はあの最初の革命を継承する者であることを忘れるわけにはいきません。今この場所から、友人にもそうでない者にも伝えようではありませんか。たいまつはアメリカの新たな世代に手渡されたのだと。この世紀に生を受け、戦争に鍛えられ、つらく厳しい平和を掟とし、過去の遺産に誇りを持つ世代であり、人権が徐々に侵されてゆくことを傍観も容認もしない世代へと手渡され、そしてその人権こそ、この国がこれまでも、そして今日でも国の内外を問わずに身を捧げているものなのだと（拍手）。

　我々に好意をもつ国であれ、敵意を抱く国であれ、すべての国にこう告げましょう。自由の存続と勝利のためとあらば、我々はいかなる犠牲をもいとわず、どんな重荷でも担い、あらゆる困難に立ち向かい、すべての友を支え、いかなる敵とも戦う決意であると（拍手）。

　我々はこれを固く誓います。しかし、それだけではありません。

Section 3

このすべてが最初の100日で達成されることはないだろう

John F. Kennedy:

❶ Let both sides seek to invoke the wonders of science instead of its terrors. ❷ Together let us explore the stars, conquer the deserts, eradicate disease, tap the ocean depths and encourage the arts and commerce.

Let both sides unite to heed in all corners of the earth the command of Isaiah: to "undo the heavy burdens... and let the oppressed go free."

And if a beachhead of cooperation may push back the jungle of suspicion, let both sides join in creating a new endeavor, not a new balance of power, but a new world of law, where the strong are just and the weak secure and the peace preserved.

❸ All this will not be finished in the first one hundred days. Nor will it be finished in the first one thousand days, nor in the life of this Administration, nor even perhaps in our lifetime on this planet. But let us begin.

---

invoke: かき立てる、呼び覚ます

explore: 探検する、調査する
conquer: 征服する
eradicate: 根絶させる
tap: 開発する、活用する
commerce: 商業、貿易

unite: 団結する
heed: 注意を払う、傾聴する
command: 命令、指令
Isaiah: イザヤ。旧約聖書に登場する預言者。なお、この引用は「イザヤ書」58章6節からのもの
undo: ほどく
oppressed: 抑圧された
go free: 解放する

beachhead: 上陸拠点、足がかり
preserve: 保護する、守る

Administration: 政権

第2章 スピーチの話し方

ジョン・F・ケネディ vs キャサリン妃

ここがスピーチの達人技！

❶ 第二次大戦後の冷戦構造の中で、東西両陣営に向かってLet both sides…（…しようではないか）という決めゼリフで呼びかける文がいくつか続きます。ちなみに、このくだりに曲をつけてケネディの演説とコーラスが掛け合いになっている歌"Let Us Begin Beguine"（自由の讃歌／星影のビギン）は日本でもCMなどに使用されたことがあります。

❷ stars、artsと音が近い語を選ぶことによって効果を上げています。宇宙、地球、海底といった新たなフロンティアの開発、それに病気の根絶と、夢を与えるものを引き合いに出すことによって、「力を団結してやっていこう」というメッセージをさらに強調しています。この一般教書演説全体の基調が高らかにアメリカの理想を謳いあげてともに前進していこうというものですが、そのメッセージに見合った具体例を挙げています。

❸ one hundred daysとone thousand days、in the life of this Administrationとin our lifetime on this planetといった対比があざやかです。いずれも、どれだけ時間がかかろうとも必ず信念は貫くというメッセージです。このように、詩的な表現をリズムよく入れることで、聞く者の心に強く訴える効果をさらに高めています。また、But let us begin.のところでは机をたたく音が聞こえ、リズムが大切なことをほうふつとさせます。

【訳】
（東西の）両陣営は、科学の恐怖ではなく、その驚異を呼び覚ますことを追求しようではありませんか。ともに宇宙を探査し、砂漠を征服し、病気を根絶させ、深海を開発し、芸術と商業を奨励しようではありませんか。

両陣営は団結し、「重荷を取り除き……虐げられている者を解放しよう」というイザヤの言葉に地球の隅々で耳を傾けようではありませんか。

そして、迫りくる疑念を協力を足がかりにして押しのけることができるのであれば、両陣営は新たな試みの創造に加わろうではありませんか。それは新たな力の均衡ではなく、新たな法の世界を創造するという試みであり、その世界では強きものは公正であり、弱きものは守られ、そして平和は保たれるのです。

このすべてが、最初の100日で達成されることはないでしょう。それどころか、最初の1000日でも、この政権の任期中にも、あるいはわれわれがこの地球上に生きている間にでさえも、おそらく達成されないでしょう。ですが、始めようではありませんか。

Section 4
この歴史的な取り組みに参加しようではないか

John F. Kennedy:

❶ Now the trumpet summons us again—not as a call to bear arms, though arms we need, not as a call to battle, though embattled we are, but a call to bear the burden of a long twilight struggle, year in and year out, "rejoicing in hope, patient in tribulation"—a struggle against the common enemies of man: tyranny, poverty, disease and war itself.

❷ Can we forge against these enemies a grand and global alliance, North and South, East and West, that can assure a more fruitful life for all mankind? ❸ Will you join in that historic effort? (yeah) (Applause)

In the long history of the world, only a few generations have been granted the role of defending freedom in its hour of maximum danger. ❸ I do not shrink from this responsibility—I welcome it. (Applause) I do not believe that any of us would exchange places with any other people or any other generation. The energy, the faith, the devotion which we bring to this endeavor will light our country and all who serve it, and the glow from that fire can truly light the world.

---

summon: 召集する

embattled: 包囲された、追いつめられた

year in and year out: 来る年も来る年も、長年
"rejoicing in hope, patient in tribulation":「望みを抱いて喜び、患難に耐え」新約聖書「ローマ人への手紙」(12:12)からの引用

forge: 築く
alliance: 同盟

devotion: 献身
endeavor: 努力、試み

glow: 光、輝き
can truly light the world: まさに世界を照らしうる

第 2 章 スピーチの話し方

ジョン・F・ケネディ vs キャサリン妃

🎤 ここがスピーチの達人技！

❶ 「召集のラッパ」とは「神からの呼びかけ」を意味しています。つまり、自分が正統なるアメリカ大統領の伝統を受け継いでいくことを宣言しているわけです。スピーカーとして説得力をもつためには、自分がいかなる立場で話しているのかを明確にすることが前提となります。

❷ Can we...?（…できませんか？）、Will you...?（…しませんか？）と直接呼びかける手法が効果的に使われています。

❸ 必要な方向を示すというリーダーの役割の鉄則に従っています。また、自分が率先して先頭に立って国民を導いていくという決意の表明ということもあって、それまで比較的淡々とした調子で話していましたが、ギアチェンジしたように一気に熱がこもってきます。

【訳】
　今、ふたたび召集のラッパが鳴り響いています。我々が武器を準備しておくことは必要ですが、武器を取れという呼びかけではありません。敵に包囲されているとしても、戦いを呼びかけるものではありません。それは長く先の見えない薄明の中での闘いという重荷を担うことを呼びかけるラッパの音です。我々は来る年も来る年も「望みを抱いて喜び、患難に耐え」、人類共通の敵である専制、貧困、疫病、そして戦争そのものと闘わなくてはならないのです。

　我々はこれらの敵に対し、国の東西南北の別なく、地球規模のひとつの大同盟を築くことにより、全人類にとってさらに実り豊かな生活を保証することができるのではないでしょうか。みなさん、この歴史的な取り組みに参加しようではありませんか（拍手）。

　世界の長い歴史を見渡しても、自由が最大の危機にさらされている瞬間に、その自由を守る役割を与えられた世代というのはほんのわずかしかいません。私はこの責任に対し、おそれをなしたりなどいたしません。喜んでその責任を引き受けましょう（拍手）。別の人や別の世代にそれを譲ろうなどと思う者は我々の中にはひとりもいないと信じています。我々がこの試みに捧げる活力、信念、献身は、この国とこの国に奉仕するすべての人々を明るく照らし出すことでしょう。そしてその炎の明かりこそが、まさに世界を照らしうるのです。

Section 5
国のために何ができるか
人類の自由のために何ができるか

John F. Kennedy:

And so, my fellow Americans, ❶ ask not what your country can do for you: ask what you can do for your country. (Applause)

My fellow citizens of the world, ask not what America will do for you, but what together we can do for the freedom of man. (Applause)

Finally, whether you are citizens of America or citizens of the world, ask of us here the same high standards of strength and sacrifice which we ask of you.

With a good conscience our only sure reward, with history the final judge of our deeds, ❷ let us go forth to lead the land we love, asking His blessing and His help, but knowing that here on earth God's work must truly be our own. (Applause)

---

sacrifice: 犠牲

good conscience: 善意
reward: 報酬
deed: 行い
His blessing and His help: 神の祝福と加護。アメリカの大統領演説の最後に必ず登場する言葉
God's work must truly be our own: 神の偉業はまさに我々自身の事業である。our own = our own work

第2章 スピーチの話し方

ジョン・F・ケネディ vs キャサリン妃

ここがスピーチの達人技！

❶ あまりにも有名な一節です。音声面に注目すると、not、you、togetherに強勢が置かれていることがわかります。さらに、通常の文法ではDon't ask... what... となるべきところが倒置されている点もポイントです。バランスをあえて崩すことで注目を集めるという手法が成功しています。真似をするのは難しいかもしれませんが、チャレンジしてみるのもいいかもしれませんね。

❷ 最後はやはり神が登場して演説を締めくくっています。自分が拠って立つところを明確にしているのは見習うべき点です。「全能の神のもとで立てた誓いを必ず守る」、と演説の冒頭の部分と呼応しています。アメリカはやはり「神のもとひとつに結ばれる国（United we stand）」であるということが、つくづくと感じられます。このようにスピーチの最初と最後が一貫性があり呼応しているのも大事なポイントです。

【訳】
　そこで、わが同胞であるアメリカのみなさん、国があなたのために何をしてくれるかではなく、あなたが国のために何ができるかを問おうではありませんか（拍手）。

　わが同胞である世界のみなさん、アメリカがあなたのために何をしてくれるかではなく、人類の自由のためにともに何ができるかを問おうではありませんか（拍手）。

　最後に、アメリカ市民であれ、世界市民であれ、我々がみなさんに要求するのと同じくらい高度の強靭さと犠牲を我々に要求してください。我々にとって、良心こそただひとつの確かな報酬であり、歴史こそ我々の行いに最後の審判を下すものです。

　神の祝福と加護を求めつつ、地上において神の御業はまさに我々自身の事業でなければならないということを心に刻みながら、わが愛する祖国を導くために前進しましょう（拍手）。

Catherine
Duchess of Cambridge

はじめてのスピーチ

　誰しもはじめからスピーチの達人であるわけではありません。
　ここでは番外編として、イギリスのキャサリン妃が、ウィリアム王子と結婚後にはじめて公の場で行ったスピーチに耳を傾けてみましょう。
　その初々しい語り口など、スピーチ慣れしていないところがかえって真摯に聞こえ、達人たちのスピーチとはまた違った意味で、初心者には参考になるかもしれません。

キャサリン妃
ケンブリッジ公爵夫人

　1982年、イギリス・レディング生まれ。旧名キャサリン・ミドルトン。父はブリティッシュ・エアウェイズの職員、母は客室乗務員だったが、キャサリンが幼い頃にパーティーグッズの通信販売会社を設立し成功を収める。セント・アンドルーズ大学で美術史を専攻し、卒業後はファッションブランドのバイヤーをしていた。

　大学時代にウィリアム王子と知り合い、ルームメイトとして共同生活を送る。約8年間の交際期間を経て、2011年に結婚。一般家庭出身の女性が王位継承権を持つ人物と結婚するのは351年ぶりのことで、ウェストミンスター寺院で行われた結婚式の模様は日本でも生中継された。

　2013年7月には長男ジョージが誕生。祖父チャールズ皇太子、父ウィリアム王子に次ぎ、第3位の王位継承権を持つ。

スピーチの背景

　2012年3月、イングランド東部サフォーク州のイプスウィッチにある小児ホスピスの新施設"Treehouse"のオープンを記念して行われたもので、結婚後、公の場でのはじめてのスピーチとして注目を集めました。

　イギリス王室の面々は「パトロン＝後援者」（Royal Patron）としてさまざまな団体や組織などの活動を支えており、キャサリン妃はこの小児ホスピス"East Anglia's Children's Hospices (EACH)"のパトロンとなっています。

　EACHは重度の疾患を持つ子どもたちのホスピスであり、新しくオープンしたTreehouseは子どもたちとその家族が過ごすことのできる施設。スタッフたちは看護服を着用しておらず、第二の我が家のように過ごすことができるよう配慮がなされています。

　キャサリン妃の公務を果たすべく努力している姿勢は、ウィリアム王子の母であり、今なお絶大な人気を誇るダイアナ元妃をほうふつとさせるものがあり、国民からは温かい視線が送られています。

East Anglia's Children's Hospices(EACH):www.each.org.uk

多くの子どもたちにとって、ここは第二の我が家です

Catherine, Duchess of Cambridge:

First of all, I'd like to say thank you. Thank you for not only accepting me as your Patron but thank you also for inviting me here today. You have all made me feel so welcome and I feel hugely honoured to be here to see this wonderful centre.

I am only sorry that William can't be here today (Laughter) : he would love it here. A view of his—that I share—is that through teamwork, so much can be achieved. What you have all achieved here is extraordinary. You as a community have built the Treehouse: a group of people who have made every effort to support and help each other.

When I first visited the Hospice in Milton, I had a preconceived idea as to what to expect. Far from being a clinical, depressing place for sick children, it was a home. Most importantly, it was a family home, a happy place of stability, support and care. It was a place of fun. Today I have seen again that the Treehouse is all about family and fun. For many, this is a home from home —a lifeline, enabling families to live as normally as possible, during a very precious period of time.

What you do is inspirational, it is a shining example of the support and the care that is delivered, not just here, but in the children's hospice movement at large, up and down the country. The feelings you inspire—feelings of love and of hope—offer a chance to families to live a life they never thought could be possible. So thank you again for inviting me here today. I feel enormously proud to be part of East Anglia's Children's Hospices and to see the wonderful life-changing work that you do. Thank you. (Applause)

※イギリスのスピーカーの場合、イギリス英語表記を採用しています。

第 2 章 スピーチの話し方

ジョン・F・ケネディ vs **キャサリン妃**

【訳】
　はじめにお礼を申し上げたいと思います。後援者として承認していただいた上に、今日こちらにお招きいただいたことを感謝いたします。みなさまの暖かい歓迎の気持ちを肌で感じるとともに、この素晴らしい施設を実際にこの目で見ることができ誠に光栄です。

　今日はウィリアムが一緒に来ることができず大変残念に思います（笑）。もし来ていたならば、この場所がとても気に入ったことでしょう。私もウィリアムと同じ考えですが、彼はチームワークを通して非常に多くのことが達成できると考えています。みなさんがここで成し遂げてきたことは驚くべきものです。みなさんは一体となってこの「ツリーハウス」を作りました。みなさんは、支え合い、助け合うことに全力を傾けてきた人たちの集まりです。

　はじめてミルトンにあるホスピスを訪問した際、施設の様子について事前にあるイメージを抱いていました。けれども、そこはいかにも病院らしく気のめいるような、病気の子どもたちのための場所とはかけはなれた家庭のようなところでした。なによりもそこは自分の家のような場所であり、安定とサポートとケアに満ちた幸せな場所でした。楽しい場所でした。今日、ツリーハウスとはやはり家庭のような場所であり、楽しい場所であることを再認識しました。多くの子どもたちにとって、ここは第二の我が家です。人生のとても貴重な時期に、家族ができるかぎり普通に過ごすことを可能にする命の綱です。

　みなさんがされていることは人々に感銘をあたえるものであり、ここだけの話にとどまらず、国中の小児ホスピスの活動全般において行われるべきサポートとケアの模範となるものです。みなさんによって呼び覚まされる愛と希望の気持ちは、家族が夢にも思わなかった生活を送る機会を与えています。あらためて本日こちらにお招きいただいたことをお礼申し上げます。イースト・アングリア小児ホスピスの一員となり、みなさんのなさっている人生を変えるような素晴らしい仕事を拝見できたことを心から誇りに思います。ありがとうございました（拍手）。

まず最初にお礼を述べています。スピーチの基本です

相手を称える言葉。パトロンという立場上、当然述べなくてはならないものです

具体的に自分の体験を述べることにより、借り物ではない説得力が言葉に生まれます

Treehouse: スピーチのために訪れた小児ホスピスの新施設の名称（**treehouse** は子どもが遊ぶ木の上の家のこと）

the Hospice in Milton: イングランド東部ケンブリッジ近くのミルトンに同団体の別のホスピスがある
preconceived: 先入観を持った
as to...: …に関して
far from...: …とは程遠い
clinical: 臨床の
home from home: 第二の我が家

inspirational: 感動的な
shining example: 模範
at large: 一般の、全体の
up and down: あちこちで、至る所で

目の前にいる聞き手だけでなく、より大きな対象へ向けてのメッセージとなっています

East Anglia: イングランド東部の地方名

相手を称えつつスピーチを締めくくっています

第 1 章と第 2 章のまとめ
伝えたいメッセージを着実に伝えるコツ

　スピーチは音声で伝えるものですが、伝えたいことが着実に伝わるようにするためには、このふたつの章でみてきたように、スピーチを準備する段階で構成がしっかりした内容になっている必要があります。その上で、音声で聞いてわかるようにするためには話し方についての工夫もいるのですが、書き方と話し方を含めてよいスピーチをするためにはどのようなことを心構えとして持てばよいでしょうか。

　3つくらいのことが言えると思います。まずひとつは、自分自身の立ち位置がしっかりと理解できていること。そして、聞いている人に対しての配慮があるということ、3つ目は、その人ならではの持ち味が盛り込まれていること。それがユーモアであったり、何かエピソードを盛り込むということではないかと思いますが、いかがでしょうか。

　そうですね、今指摘のあった3つの点、❶自分はどういう立場からこのスピーチを行っているのかを踏まえている、❷聞き手について、聞いてくれることを感謝するとともに思いやるという気持ちがある、❸スピーカーならではの特質が入っている、いずれも大事であると思います。発信する側の気持ち、受信する側の気持ち、また伝えるということに借り物ではないそのスピーカーならではの持ち味があってコミュニケーションをとろうとするからこそ、「聞きたい」という聞き手の気持ちを喚起できますね。

　いいスピーチはいい音楽と同じように、聞いていて「もっと聞いていたい」「終わってしまうのが惜しい」という感じがしますよね。

　おっしゃるとおりです。まずは、自分が何者であるかというアイデンティティを打ち出していること、スピーチで達成しようとしている意図に合わせて聴衆への配慮も忘れないように、なおかつ音声で着実に伝わるようにする工夫ですね。

これは、ひとつひとつ練習で確認していってもらいたいものです。「読み直し」が出来ないスピーチは、その場で1回限りのチャンスで伝えなくてはなりません。「音声で伝える」ということでの練習による完成、自分のものとして「ことばを伝える」ということを話し方のコツ、聞く人にわかるように間（ポーズ）をおいて伝えるということも大事にしてもらいたいです。

　最後に、私が今回改めて聞いて気に入ったのが、ケネディ大統領の音声とコーラスのかけあいの歌、"Let Us Begin Beguine"（自由の讃歌／星影のビギン）（p.54）です。
　Beguine が西インド諸島の踊りから来ているということを知らなかったため、最初はタイトルにある Beguine の意味がわかりませんでした。ケネディの発音で、begin のところが、ちょっとのびて発音されているから Beguine？などと、まぬけなことを考えたくらいです。
　さて、「さあ、はじめよう」というメッセージを訴えたこの歌ですが、ケネディの声とコーラスのかけあいが調和しており、なかなか聞き応えがあります。短調で哀愁を感じさせるメロディーに、暗殺後の発表ということもあって、曲調は悲壮な印象さえただよっています。しかし反面、楽曲のリズムは踊りの曲のようにリズミカルなのが特徴的です。恐らく西インド諸島の踊り、Beguine のリズムからきているのでしょう。

コラム

スピーチの草稿はQ&Aから

　ロンドン駐在時に、ある金融商品をニューヨークの現地法人と共同開発したときのことです。その法人のアメリカ人社長と共同でヨーロッパの投資家向けにプレゼンを行うことになりました。

　彼は金融商品の仕組みは熟知していたものの、商品のリスクとなる日本の個人資産や債務の状況については、日本人社員からのインプットを必要としていました。すると数日後、「日本の個人破産の件数は年間どのくらいか」「ローンの返済はどのように行うのか」といったQuestionnaire（質問集）がメールで送られてきました。

　驚いたのは、その質問の数が100以上に及んでいたことです。プレゼンに続いて行われるQ&A（質疑応答）に関する想定問答集を作成するには質問が多すぎますし、そもそもプレゼンで説明すべき基本事項も含まれています。いったい何に利用するのか、さっぱりわかりませんでした。そこで回答を作成する前に、"What is the purpose of this questionnaire?"（この質問集の狙いは何ですか？）と返答しました。彼の答えは明快でした。"To draft a presentation, we need to know what the audience wants to hear."（プレゼンの原稿を作るのに、聴衆の聞きたいと思っていることを知る必要がある）。

　彼は想定される聴衆の疑問とその回答をもとに原稿を書こうとしていたのです。回答の作成は大変な作業でしたが、それをもとに彼が作成したパワーポイントの資料と、補足資料としての小冊子は素晴らしいものでした。「聞き手の立場に立つ」という原点に返ることの重要さを突きつけられた瞬間でした。

　この実体験を経て、ビジネススピーチに限らず、人前で何か話をするときには、「聞き手は何を知りたいのか」「その疑問にどう答えていけばよいのか」ということを強く意識するようになりました。今でも、大学の授業をはじめ、講演会などの準備にあたっては、まずquestionnaireを考えることから始めています。

Barack Obama
バラク・オバマ

David Cameron
デービッド・キャメロン

第3章

ビジョンを示す
スピーチ

Barack Obama

2013 State of the Union

バラク・オバマ
アメリカ合衆国大統領

　1961年、ハワイ州生まれ。幼少期はハワイとインドネシアのジャカルタを中心に過ごす。コロンビア大学を卒業後、ハーバード法科大学院を修了。その後、シカゴ大学の講師などを務める。
　1997～2004年までイリノイ州上院議員、2005～08年までアメリカ連邦議会上院議員を務め、"Change, Yes We Can!"のスローガンを掲げて大統領選にのぞみ、09年、アメリカ合衆国大統領に就任。12年再選。

スピーチの背景

　オバマ氏は圧倒的な支持率をもって2008年の大統領選挙で選出され、2012年の大統領選挙でも勝利をしました。ここで取り上げたのは2013年2月に行われた、二期目の一般教書演説です。

　この演説の中でオバマ大統領は議会に対し、自動歳出削減措置（sequestration）の回避や銃規制、移民改革法案等への対応を促すとともに、アメリカの経済成長の真の原動力は中間所得層であり、中間所得層の再建がアメリカの繁栄を復活させることになるとして、製造業雇用の増大や気候変動、エネルギーへの対応、教育問題やインフラストラクチャー整備といった幅広いアジェンダで20余りの野心的な計画や目標を打ち出しました。オバマ大統領は、「我々が必要とするのはより大きな政府ではなく、優先目標を設定して広域的な成長に投資を行う賢明な政府である」と主張し、今回の提案がアメリカの財政赤字を増大するものではないことを強調しています。

　特に、アメリカを新規雇用と製造業を引き付ける魅力ある場所にすることが最優先事項であると訴えています。アメリカでは雇用の喪失が10年以上も続きましたが、アメリカの製造業はこの3年間で約50万の雇用を創出したとしており、製造部門を再活性化するとして大統領は総合計画を打ち出しました。また、「オバマ・ケア」というる医療保険計画や、サイバーセキュリティについての方針を打ち出したのが今回の約1時間に及んだ一般教書演説の特色といえます。

Section 1

自信を新たに、アメリカは強固になったと言える

Barack Obama:

Mr. Speaker, Mr. Vice President, members of Congress, fellow Americans:

❶ Fifty-one years ago, John F. Kennedy declared to this chamber that "the Constitution makes us not rivals for power but partners for progress." (Applause) ❷ "It is my task," he said, "to report the State of the Union—to improve it is the task of us all."

Tonight, thanks to the ❸ grit and determination of the American people, there is much progress to report. ❹ After a decade of grinding war, our brave men and women in uniform are coming home. (Applause) ❹ After years of grueling recession, our businesses have created over six million new jobs. ❺ We buy more American cars than we have in five years, and less foreign oil than we have in 20. (Applause) Our housing market is healing, our stock market is rebounding, and consumers, patients, and homeowners enjoy stronger protections than ever before. (Applause)

So, together, we have cleared away the rubble of crisis, and we can say with renewed confidence that the State of our Union is stronger. (Applause)

---

members of Congress: アメリカ連邦議会議員

chamber: 議場
the Constitution: アメリカ合衆国憲法

the State of the Union: 一般教書演説（The State of the Union Address、国の現状を報告する演説）と、文字通り「国の現状」の両方を指している
grit: 気概、根性

grinding: 骨の折れる、過酷な

grueling: 厳しい

rubble: がれき、破片
renewed: 新たな

第3章 ビジョンを示すスピーチ
バラク・オバマ vs デービッド・キャメロン

ここがスピーチの達人技！

❶ 冒頭に引用句をもってきて、いかに自分がケネディの伝統を受け継ぐ自由の信奉者であり、自由な国アメリカの発展に寄与するかを印象付けています。

❷ my task（私の任務）とtask of us all（皆の任務）によって、大統領である自分がすることと国民に課された任務を対比させています。

❸ grit and determination（気概と決意）と同じ性質を示す言葉を重ねて強調するのは演説でよく使われる手法です。

❹ オバマ大統領の演説にまず学ぶべきは何といってもリズムのよさ。Afterで始まる文章をふたつ並べて、それまでのgrinding war（苦しい戦争）、grueling recession（厳しい景気後退）という状況を際立たせながらたたみかけ、その後の実績を強調しています。

❺ 具体的に例を挙げてわかりやすく、実績が上がっていること、進展がみられることを力強く訴えています。

【訳】
下院議長、副大統領、議員のみなさん、国民のみなさん。

51年前、ジョン・F・ケネディがこの議場において、「アメリカ合衆国憲法により、我々は権力を争うライバルでなく、進歩をめざすパートナーになった」と明言し、さらにこう続けました。（拍手）。「一般教書を伝えるのは私の任務である——しかし、国の状態をよくするのは皆の任務である」と。

今夜、アメリカ国民の気概と決意のおかげで、報告すべき多くの進展があります。十年に及ぶ苦しい戦争が終わり、アメリカの勇敢な兵士たちが帰還してきます（拍手）。何年にもわたった厳しい景気後退が終わり、アメリカの企業は600万人以上の新たな雇用を創出してきました。我々は過去5年に比べ、より多くのアメリカ産の車を購入し、中東から石油を買う量はこの20年と比べて少なくなっています（拍手）。住宅市場は立ち直りをみせています。株式市場は回復しています。消費者、患者、住宅所有者は今までよりも手厚い保護を受けています（拍手）。

そうです、我々は一丸となって危機がもたらした残骸を取り除いてきました。我々は新たな自信をもって、アメリカはさらに強固な状態となったと言うことができます（拍手）。

Section 2
我々にはまだなしえていない任務がある

Barack Obama:

But we gather here knowing that there are millions of Americans whose hard work and dedication have not yet been rewarded.

dedication: 献身

❶ Our economy is adding jobs, but too many people still can't find full-time employment. Corporate profits have skyrocketed to all-time highs, but for more than a decade, wages and incomes have barely budged.

skyrocket: 飛躍的に上昇する、増加する
all-time high: 空前の高さ、史上最高
budge:（かすかに）変わる、動く
reignite: 再点火させる、再燃させる

❷ It is our generation's task, then, to reignite the true engine of America's economic growth: a rising, thriving middle class. (Applause)

thriving: 盛況な

❷ It is our unfinished task to restore the basic bargain that built this country: the idea that if you work hard and meet your responsibilities, you can get ahead, no matter where you come from, no matter what you look like, or who you love.

bargain: 契約、取引

get ahead: 成功する
or who you love: 誰を愛そうとも。同性愛者への配慮が感じられる

❷ It is our unfinished task to make sure that this government works on behalf of the many, and not just the few: that it encourages free enterprise, rewards individual initiative, and opens the doors of opportunity to every child across this great nation. (Applause)

on behalf of...: …のために
free enterprise: 自由企業

initiative: 自発性、率先

第3章 ビジョンを示すスピーチ
バラク・オバマ vs デービッド・キャメロン

ここがスピーチの達人技！

❶ ここでもリズムがよく歯切れのよい対比の文章構造が使われています。声に出してみるとその対比が響き、聞き手の頭に入りやすいことに気づかされます。またbutによって、現状と目標とするところの対比も効果的に行われています。さらに、前セクションの❸と同様、wages and incomes（賃金と所得）と同じ性質を示す言葉を重ねて強調しています。

❷ taskを3回繰り返し、「中間所得層の充実」「出自に関わらず成功が可能な社会」「正しい政策を行う政府の責務」となすべき任務を明確にしています。スピーチは「リズム」と「音」の効果を活用し、聞いている人の印象に残り、心地よく聞いてもらえるよう配慮することが重要です。同時に、オバマ大統領はわかりやすく3つの点を示すために文章の形をそろえていることにも注目です。

【訳】

しかし、ここに集まっている我々は、数百万ものアメリカ人の努力と献身がまだ報われていないことを知っています。アメリカ経済は雇用を増やしました——しかし、きわめて多くの人たちがいまだにフルタイムの雇用を見つけられずじまいです。企業利益は過去最高を記録しました——しかし、十年以上、賃金所得にほとんど変化はみられません。

我々の世代の任務とは、アメリカの経済成長を担う真のエンジン——上昇し、繁栄する中流階級に再び点火することです（拍手）。

我々がまだなしえていない任務とは、この国を構築した基本となる約束——努力し、責任を負うならば、どこの出身であるか、どのような外見であるか、誰を愛するかといったことには関係なく成功できるという理念を再び取り戻すことです。

我々がまだなしえていない任務とは、この政府が少数のためでなく多数のために機能するのを確実にすることです。すなわち、自由市場経済を促進し、個人の努力を称え、この偉大な国中のすべての子どもたちに機会の扉を開くことです（拍手）。

Section 3

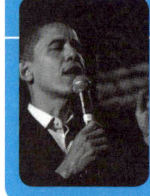

団結したときこそ
アメリカは力を発揮する

Barack Obama:

❶ The American people don't expect government to solve every problem. They don't expect those of us in this chamber to agree on every issue. But they do expect us to put the nation's interests before party. (Applause) They do expect us to forge reasonable compromise where we can. ❷ For they know that America moves forward only when we do so together, and that the responsibility of improving this union remains the task of us all.

Our work must begin by making some basic decisions about our budget: decisions that will have a huge impact on the strength of our recovery.

❸ Over the last few years, both parties have worked together to reduce the deficit by more than 2.5 dollars trillion, mostly through spending cuts, but also by raising tax rates on the wealthiest 1 percent of Americans. As a result, we are more than halfway towards the goal of 4 dollars trillion in deficit reduction that economists say we need to stabilize our finances.

Now we need to finish the job. And the question is, how?

issue: 問題、争点
put A before B: B より A を優先する
forge: 築く
compromise: 妥協

deficit: 赤字、損失

spending cut: 支出削減

stabilize: 安定させる

第3章 ビジョンを示すスピーチ

バラク・オバマ vs デービッド・キャメロン

ここがスピーチの達人技！

❶ リズム感、繰り返しの効果、強調すべきところをあざやかに浮き彫りにする手法など、お手本となるテクニックが満載です。everyが2回使われ、いずれも強く発音されています。また、don't expectを2回続けたあとにexpectを2回繰り返すことによって、アメリカ国民の政府に対する期待をわかりやすく説明しています。

❷ improving this union（この国をよくする）のためにはtask of us all（我々すべての任務）とみんなで取り組むことを再度強調しています。指導力を示すのは自分であるが、America moves forward only when we do so together（ともに力をあわせて進むときにアメリカは一番の力を発揮する）と、目的達成のためには国民が協力する必要があると訴えています。

❸ 財政赤字削減がアメリカ経済の急務であること、そのためには両党の合意が不可欠であることを述べた上で、富裕層への増税など大多数の国民が望んでいる施策が実行できていることを、根拠を挙げながらしっかりと示しています。また続く文では、どこまで達成されたのかが印象に残るように、経済学者の推定値の半分が達成されたという表現がされています。説得力をもたせるためには数字を示すことが必要ですが、使いすぎると逆効果になることもあるので、聞き手に伝わるよう重要な数字を選択して統計を使うのが達人のやり方です。

【訳】

アメリカ国民は、政府がすべての問題を解決することを期待しているわけではありません。この議場にいる我々がすべての問題で一致することを期待しているわけではありません。そうではなく、政党よりも国民の利益を優先することを期待しているのです（拍手）。場合によっては、我々が理にかなった妥協点を見出すことを期待しています。なぜなら、団結するときこそアメリカが前進すること、そしてこの国をよくしていく責任は我々すべての任務であると国民は知っているからです。

我々はまず、予算に関していくつか基本的な決定を下すことから始めねばなりません――これはアメリカ経済の回復度合いに大きな影響をもたらす決定になります。

この数年間、民主・共和両党は2.5兆ドルを超える財政赤字削減に取り組んできました――ほとんどが歳出削減を通してですが、それに加えてアメリカ国民の最富裕層1パーセントに対する税率の引き上げも行いました。その結果、経済学者が財政安定のために必要だとする4兆ドルの財政赤字削減目標を半分以上達成しました。

さて我々は仕事を完了せねばなりませんが、問題はどうやって成し遂げるかです。

Section 4
アメリカを雇用と製造業の新たな磁場とする

Barack Obama:

❶ Our first priority is making America a magnet for new jobs and manufacturing. After shedding jobs for more than 10 years, our manufacturers have added about 500,000 jobs over the past three. ❷ Caterpillar is bringing jobs back from Japan. Ford is bringing jobs back from Mexico. And this year, Apple will start making Macs in America again. (Applause)

There are things we can do, right now, to accelerate this trend. Last year, we created our first manufacturing innovation institute in Youngstown, Ohio. ❸ A once-shuttered warehouse is now a state-of-the-art lab where new workers are mastering the 3D printing that has the potential to revolutionize the way we make almost everything. ❹ There's no reason this can't happen in other towns.

---

shed: 減らす

accelerate: 加速させる

manufacturing innovation institute: 製造イノベーション施設。2012年に設立された3Dプリンタによる製造技術の研究機関であるNational Additive Manufacturing Innovation Institute (NAMII) のこと

state-of-the-art: 最新技術の、最先端の

3D printing: 3D印刷

第3章 ビジョンを示すスピーチ

バラク・オバマ vs デービッド・キャメロン

ここがスピーチの達人技！

❶ 雇用をアメリカに戻し、失業を減らして経済を回復させるというのが大統領としていちばん求められていることです。それに対してオバマ大統領は、making America a magnet for new jobs and manufacturing（磁石のように雇用と製造業をアメリカに引き付ける）とイメージを描くことのできる表現で訴えています。このように「イメージを描くことができる」というのはよいスピーカーの条件のひとつです。

❷ 仕事がアメリカに戻ってきている例を示す中で、誰もが知っているような企業などを出すことによって印象に残す工夫がなされています。例を挙げる場合は、理解されやすく、わかりやすく話すのがポイントです。なお、毎年、一般教養演説で日本について言及されるか話題になりますが、この演説ではこの箇所で触れられました。

❸ once-shuttered warehouse（かつては閉鎖されていた倉庫）とstate-of-the art lab（最先端の研究所）を対比させ、同じ場所が鮮やかに変身したことを示しています。

❹ 実際に実現させている身近な例を提示した上で、「同じことが他のところでもできる」と鼓舞する表現を使っています。オバマ氏が最初の大統領選に出た際の"Yes, we can!"というスローガンを思い起こさせますね。

【訳】
　我々が最優先すべきは、アメリカを新たな雇用と製造業を引き付ける場とすることです。10年以上雇用を失い続けた後、アメリカの製造業はこの3年で50万人分の雇用を増加させました。キャタピラー社は日本から仕事を取り戻しました。フォード社はメキシコから仕事を取り戻しました。そして今年、アップル社は再びアメリカでコンピュータを作り始めます（拍手）。

　この流れを加速させるために今すぐできることがあります。昨年、第1号となる製造イノベーション施設をオハイオ州のヤングスタウンに作りました。かつて閉鎖されていた倉庫が今や最先端の研究所となり、新規に雇用された作業員が3D印刷の技術を習得しています。この3D印刷にはほとんどあらゆるものの製造法を革新する可能性が秘められています。このケースと同じことを他の都市でできない理由はありません。

Section 5

私たちがならうべきアメリカ人たち

Barack Obama:

❶ We should follow the example of a North Miami woman named Desiline Victor. When Desiline arrived at her polling place, she was told the wait to vote might be six hours. And as time ticked by, her concern was not with her tired body or aching feet, but whether folks like her would get to have their say. And hour after hour, a throng of people stayed in line to support her—because Desiline is 102 years old. And they erupted in cheers when she finally put on a sticker that read, "I voted." (Applause) Here's Desiline.

We should follow the example of a police officer named Brian Murphy. When a gunman opened fire on a Sikh temple in Wisconsin, Brian was the first to arrive and he did not consider his own safety. He fought back until help arrived and ordered his fellow officers to protect the safety of the fellow Americans worshiping inside, even as he lay bleeding from 12 bullet wounds. And when asked how he did that, Brian said, "That's just the way we're made."

polling place: 投票所

tick: (カチカチと) 時を刻む
folk: (通常、複数形で) 人々
get to have their say: 自分の意見を言う
a throng of...: …の群れ
in line: 列になって
erupt in cheers: 歓声が沸き起こる

open fire: 発砲する

worship: 崇拝する、礼拝する
lay: lie (横たわる) の過去形
bleed: 出血する

第3章　ビジョンを示すスピーチ

バラク・オバマ vs デービッド・キャメロン

ここがスピーチの達人技！

❶ ご覧のように、このセクションのふたつの段落は対称的な構造を持っています。どちらもまず、We should follow the example of... named... という文で始まってからWhen... と続き、一般のアメリカ市民のエピソードが語られます。オバマ大統領はこのようによく無名の市井の人々をスピーチで取り上げますが、これにより非常に身近で強力な共感を聞き手に喚起させる効果があります。

　次に、102 years old、12 bullet woundsとわざわざ細かい正確な数字を出していますが、これもまた、聞き手がその情景をまざまざとイメージできるようなリアリティを与えるのに一役買っています。

　そして最後に"I voted." "That's just the way we're made."というフレーズを引用するかたちで締めくくることによって劇的な効果を高めています。

　以上のように、考え抜かれた構成、共感をよぶ身近な具体例、イメージを喚起させる数字、劇的効果のある引用など、オバマ大統領らしさにあふれた、オバマ大統領のスピーチの真骨頂とも言える個所です。

　なお、このスピーチの模様を動画でご覧いただくとおわかりになると思いますが、この人物たちは当日会場に招かれており、そこで称えられるというパフォーマンスにもなっています。実際に本人を呼ぶことはよくあることで、"humanize（実際の人物を通して具体例を示す）"の典型的な例です。

【訳】

　私たちはマイアミ北部に住むデスリン・ビクターさんという女性の例にならうべきです。デスリンさんは投票所に到着したとき、投票するまで6時間かかるかもしれないと言われました。刻一刻と時が過ぎる中、彼女が気にしていたのは疲れた身体や痛む足のことではなく、自分のような者たちの声が届くかどうかということでした。そして、1時間また1時間と過ぎてゆくうちに、大勢の人たちが彼女を支えるために一緒になって列に並んでいました。というのも、デスリンさんは102歳なのです。「投票しました」というステッカーを彼女がついにつけたとき、歓声が沸き起こりました（拍手）。こちらがデスリンさんです。

　私たちはブライアン・マーフィーという警官の例にならうべきです。ウィスコンシン州にあるシーク教徒の寺院で銃撃事件が起きたとき、ブライアンは真っ先に現場にかけつけ、自分の安全を顧みませんでした。応援が到着するまでの間、反撃しつつも、寺院内で参拝しているアメリカ人たちの安全を守るよう同僚の警官たちに指示を出していました。12ゲージの散弾の銃弾を受け、血を流して横たわっていたにもかかわらずです。なぜそのようなことをしたのかたずねられるとブライアンは次のように言いました。「アメリカ人として当然のことをしたまでです」と。

Section 6
私たちはアメリカの物語の作者であらねばならない

Barack Obama:

❶ That's just the way we're made. We may do ❷ different jobs and wear different uniforms, and hold different views than the person beside us. But as Americans, we all share the same proud title: we are citizens. ❸ It's a word that doesn't just describe our nationality or legal status. It describes the way we're made. It describes what we believe.

citizens: ここではアメリカ市民を指す
legal status: 法的地位

It captures the enduring idea that this country only works when we accept certain obligations to one another and to future generations, that our rights are wrapped up in the rights of others: and that well into our third century as a nation, ❹ it remains the task of us all, as citizens of these United States, to be the authors of the next great chapter of our American story.

capture: 捕える、記録する
enduring: 不朽の
obligation: 義務

wrap up: 包む

remain: …のままである

Thank you. God bless you, and God bless these United States of America.

第3章 ビジョンを示すスピーチ

バラク・オバマ vs デービッド・キャメロン

ここがスピーチの達人技！

❶ 前の文で、「なぜ危険を顧みずに行動したのか」と問われたことに対して「私たち（アメリカ人）にとって当然の行動を取ったまでのこと」と答えた警官の言葉を繰り返し、愛国心に訴えかけています。

❷ different jobs、different uniforms、different viewsと3回differentを続けることによって、最後のthe same proud titleが効果を高めています。

❸ It's a word that doesn't just describe… It describes… It describes… とたたみかけながらクライマックスへもっていきます。

❹ アメリカという国の不朽の理念にともなう義務と権利の関係について述べ、自分たちひとりひとりがアメリカという国の物語を描く作者とならなければならないと、国民の当事者意識・参加意識を求めてスピーチを締めくくっています。

【訳】
　アメリカ人とはそういうものなのです。私たちは異なる仕事に就き、異なる制服を着ているかもしれません。隣人に対して違う考えを抱いているかもしれません。しかし、アメリカ人として私たちは誇らしい名前を共有しています。それはアメリカ市民という名前です。その名は国籍や法的な身分を表すだけにはとどまりません。私たちが何者であるかを示しているのです。私たちが信じるものを示しているのです。

　その名が刻み込んでいる不朽の理念とは、おたがいに対し、そして未来の世代に対して義務を受け入れるときにのみこの国は機能するというものであり、自らの権利は他の人間の権利に内包されているというものです。そして、国家として3世紀が経った今でも依然として私たち全員にとって義務であり続けていることとは、アメリカ合衆国の市民として、私たちはアメリカの物語の偉大なる次の1章の作者であらねばならないということです。

　ご清聴ありがとうございました。神の恵みがアメリカ合衆国にありますように。

David Cameron

Britain and Europe

デービッド・キャメロン
イギリス首相

　1966年、ロンドン生まれ。パブリックスクールの名門イートン校を経て、オックスフォード大学卒（政治、経済、哲学専攻）。大臣特別補佐官、メディア企業広報担当役員を経て、2001年下院（House of Commons）議員。05年には異例の速さで保守党党首に。10年の総選挙で保守党が勝利し、イギリス首相となる。就任後、国の債務削減を優先に掲げ、国民に不人気な消費税20％への引き上げなどの政策を断行するなど、強いリーダーシップを発揮。

スピーチの背景

　2015年の総選挙後にイギリスのEU継続加盟または脱退を問う国民投票（referendum）を行うことを、内外に正式に明言したスピーチ。

　イギリスとEUとの関係は、"half-baked"（生焼けの、生半可な）、"semi-detached"（1棟で2軒の家）などと形容されるように、運命共同体というよりも適度な距離を置いた「つかず離れず」の関係を維持しています。その時々の政権によって距離の置き方には温度差がありましたが、キャメロン率いる現在の保守党政権になってからというもの、距離はますます遠くなってしまいました。

　ギリシャ問題に端を発したユーロ危機の際には、「財政統合の難しさを知っていたからこそユーロ圏に入らなかった」と発言したことで、キャメロン首相はユーロ圏の首脳たちからひんしゅくを買いました。しかし、ユーロ圏に対して徹底的に非協力的である一方で、同じユーロ圏のアイルランドが金融危機に陥ったときには、歴史的な関係を理由に巨額の資金援助を行うなど、キャメロン首相は「独自路線」を歩んでいます。

　本スピーチの後、もともとEUに懐疑的なイギリス国民の感情を、反EUの「前科者」であるキャメロン首相が刺激して国民投票を実施すれば、実質的にEU脱退という道をたどるのではと受け止められました。金融市場では英ポンドに売り圧力がかかり、イギリス経済界からも「脱退したら大変なことになる」とけん制球が投げられました。また、EU首脳・官僚は、表面上こそ冷静に対処していたものの、本心はやはり怒り心頭だったことでしょう。ブリュッセルのEU本部では、"the speech"（あのスピーチ）と言えば本スピーチを指すようになったと言われています。

　このように、さまざまな議論を呼び起こした本スピーチですが、独自路線を歩み、複雑な歴史的背景をもつイギリスとEUの関係をふまえながら、キャメロン首相がどのように論理を展開し、内外ともにどうやって説得しようとしているのか、その手法をじっくりと学びましょう。

Section 1

ヨーロッパにおける平和は、どのように実現したのか？

David Cameron:

Seventy years ago, Europe was being torn apart by its second catastrophic conflict in a generation. ❶A war which saw the streets of European cities strewn with rubble. The skies of London lit by flames night after night. And millions dead across the world in the battle for peace and liberty.

As we remember their sacrifice, so we should also remember how the shift in Europe from war to sustained peace came about. ❷It didn't happen like a change in the weather. It happened because of determined work over generations. A commitment to friendship and a resolve never to re-visit that dark past—a commitment epitomised by the Elysée Treaty signed 50 years ago this week.

After the Berlin Wall came down I visited that city and I will never forget it. ❸The abandoned checkpoints. The sense of excitement about the future. The knowledge that a great continent was coming together. ❹Healing those wounds of our history is the central story of the European Union.

---

torn apart: 引き裂かれた、分裂した

strew: ばらまく
rubble: がれき、破片

sustained: 持続的な
come about: 生じる

determined: 断固とした

resolve: 決意、決心

epitomise: (本質的な特徴を)具現化する
the Elysée Treaty: エリゼ条約(独仏協力条約)。1963年、戦後の独仏協力について定められた条約で、欧州統合推進の基盤を作った。エリゼは仏大統領府のこと

checkpoint: 国境検問所。ここではベルリン市内の東西国境線に置かれていたものを指す

※イギリスのスピーカーの場合、イギリス英語表記を採用しています。

第3章 ビジョンを示すスピーチ

バラク・オバマ vs **デービッド・キャメロン**

ここがスピーチの達人技！

❶ A war which saw... The skies of London lit by... And millions dead across... と、「名詞＋修飾語（句・節）」を並べることにより、短いショットで場面が切り替わるような、視点の移動や鮮やかなイメージを与える手法です。日本語の「体言止め」に似ていますね。

❷ It didn't happen... と、まず「〜ではない」と否定し、次にIt happened... と自分の伝えたいことを同じ語句を使って言っています。対照させることによって効果が倍増する手法です。

❸ ❶と同様に、checkpoints、sense、knowledgeと名詞を使って具体例を3つに絞っています。一般的に、ふたつではたたみかけるインパクトに欠け、4つ以上だと多すぎて聞き手にインプットされません。ビジネスにも"three-point message"という考え方があり、指示や依頼をする場合、相手が受け止めるのは3つまでと言われています。

❹ Healing those wounds（傷を癒すこと）＝central storyと言い切ることで、「EUの目的＝平和の追求」という点を明確にしています。また、the central storyのtheを強く発音することによって「まさにストーリーの中心であった」というニュアンスを込めています。

【訳】

　70年前、ヨーロッパはひとつの時代において2度目となる悲劇的な戦争によって分裂しました。戦争によってヨーロッパの都市はがれきの山となり、ロンドンの空は毎晩炎に包まれました。そして、平和と自由のための戦争によって世界中で何百万という死者が出ました。

　彼らの犠牲を思い起こすとき、戦争から継続的な平和への転換がヨーロッパではどのようにして起きたのかということを心に刻む必要があります。その転換は天気が変わるように起きたわけではありません。何世代にもわたる固い決心に基づいた取り組みによって実現されたのです。友好に対する強い意志、暗い過去には決して立ち返らないという決意――それが50年前のこの週に調印されたエリゼ条約によって具現化された公約なのです。

　私はベルリンの壁崩壊後に同市を訪れたときのことを決して忘れることができません。使われなくなった検問所。未来に対する期待感。偉大な大陸がひとつになりつつあるという実感。ヨーロッパの歴史にとって、こうした傷を癒すことはEUの最も重要な歴史であります。

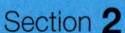

Section 2
今日におけるEUの最優先課題

David Cameron:

What Churchill described as the twin marauders of war and tyranny have almost entirely been banished from our continent. Today, hundreds of millions dwell in freedom, ❶ from the Baltic to the Adriatic, from the Western Approaches to the Aegean.

And while we must never take this for granted, the first purpose of the European Union—to secure peace—has been achieved and we should pay tribute to all those in the EU, alongside NATO, who made that happen.

❷ But today, the overriding, the main purpose of the European Union is different: not to win peace, but to secure prosperity.

❸ The challenges come not from within this continent but from outside it. From the surging economies of the East and the South. Now of course a growing world economy benefits us all, but we should be in no doubt that a new global race of nations is underway today. A race for the wealth and for the jobs of the future.

---

marauder: 略奪者、襲撃者。チャーチルは「鉄のカーテン(Iron Curtain)」演説で使用している

dwell: 居住する（= live）
the Baltic: バルト海
the Adriatic: アドリア海
the Western Approaches: ウェスタンアプローチ。イギリス本土グレートブリテン島西岸の大西洋に広がる長方形の海域

pay tribute to...: …を賞賛する
NATO: 北大西洋条約機構（North Atlantic Treaty Organization）。第二次大戦後、アメリカと西欧諸国が締結した条約で、加盟国の領土および国民の防衛が最大の責務

overriding: 他の全てに優先する

challenge: 挑戦、（解決するのに）難しい問題
surging economies: 新興国

underway: 進行中の

第 3 章　ビジョンを示すスピーチ

バラク・オバマ vs **デービッド・キャメロン**

ここがスピーチの達人技！

❶ チャーチル首相が1946年3月に行った「鉄のカーテン（Iron Curtain）」演説中の、"From Stettin in the Baltic to Trieste in the Adriatic, an iron curtain has descended across the Continent." （バルト海のシュテッティンからアドリア海のトリエステまで、ヨーロッパ大陸を分断する「鉄のカーテン」が下ろされた）の引用。西欧・東欧諸国の国境線に鉄条網が築かれ、東西冷戦の突入を宣言した歴史的なスピーチを引き合いに出し、平和でなかった時代と比較しています。

❷ 平和が達成された今、最優先課題はEUの繁栄であるという次の主張へ展開するための重要な1文。まず、「他の何にも優先して」という強いニュアンスをもつoverridingという単語を使い、the main purposeがこれまでとは違うことを明確にしています。続いて、not to... but to... という構文によって、過去の目的であったpeaceと現在の目的であるprosperityを浮き出たせています。

　また音声の面では、But todayの後で一拍置き、「今日はこれまでとは違う」ということを聞き手に予告し、peace、prosperityの2語をゆっくりとはっきり述べています。

❸ ❷と同様、not from... but from... という言い方で、withinとoutsideという軸を明確にしています。

【訳】
　チャーチル首相が「戦争と暴政という双子の略奪者」と称したものは、ヨーロッパ大陸からほぼ完全に姿を消しました。今日では、バルト海からアドリア海にかけて、ウェスタンアプローチからエーゲ海にかけて、何百万もの人びとが自由に暮らしています。

　こうした現状を当たり前のことだなどと決して思ってはならないとはいえ、まずはEUの第一の目的である平和の保障は達成されました。このために尽力したEUならびに北大西洋条約機構（NATO）のすべての関係者に謹んで敬意を表します。

　しかし今日では、EUの最も重要な目的は当初とは異なります。それは、平和の達成ではなく、繁栄を確実にすることです。

　競合するのは、ヨーロッパ大陸の中にあるのではなく、外の国々です。急成長した東と南の国々です。もちろん、世界経済の成長はヨーロッパに利益をもたらしますが、今日、我々がグローバルな国家間の競争の中にいることはまちがいありません。これは、将来の富と雇用を賭けた競争なのです。

Section 3

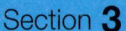

イギリスにとってEUは目的ではなく手段

David Cameron:

❶ So I want to speak to you today with urgency and frankness about the European Union and how it must change, both to deliver prosperity and to retain the support of its peoples.

❷ But first, I want to set out the spirit in which I approach these issues. ❸ Now I know that the United Kingdom is sometimes seen as an argumentative and rather strong-minded member of the family of European nations.

❸ And it is true that our geography has shaped our psychology. We have the character of an island nation: We are independent, forthright, passionate in defence of our sovereignty. ❹ We can no more change this British sensibility than we could drain the English Channel.

And because of this sensibility, we come to the European Union with a frame of mind that is more practical than emotional. For us, the European Union is the means to an end—prosperity, stability, the anchor of freedom and democracy both within Europe and beyond her shores—not an end in itself.

---

set out: 明確に述べる

argumentative: 議論好きな、理屈っぽい
strong-minded: 気が強い、主張が強い

forthright: 率直な
sovereignty: 主権
no more A than B: AでないのはBでないのと同じ
sensibility: 感受性、感性。ここでは国民性の意で用いられている
drain: くみ出す、空にする

the English Channel: 英仏海峡、イギリス海峡

means to an end: 目的を遂げる手段
anchor: いかり、拠り所、支え

第3章 ビジョンを示すスピーチ
バラク・オバマ vs **デービッド・キャメロン**

ここがスピーチの達人技！

❶ スピーチの主題を述べる表現です。自分が話し手のときだけでなく、聞き手の場合にも目印になります。

❷ 本論に入る前に、But first, I want to set out... と言って自分の哲学を述べています。使える表現ですね。

❸ I know that... And it is true... と述べることによって、イギリスに対する不満は充分認識し、確かにそのとおりであると認めながら、うまくその背景について説明しています。ビジネスでは、相手から突っ込まれそうなことを予測し、先回りして説明することが仕事を上手く進める秘訣のひとつです。このことを英語では"pre-empt the issue"（問題を「あらかじめ（pre-）空（empty）にしておく」）と言います。

❹ no more A than Bは、ノンネイティブ泣かせのいわゆる「クジラ構文」と呼ばれるものですが、「Aではない。それはBでないのと同じ」と考えると理解しやすくなります。イギリスの島国の特性を表すのに、こうした比喩を用いるのは、さすがスピーチ上手なキャメロンです。

【訳】
　そこで本日みなさんに緊急かつ率直にお話ししたいのは、繁栄をもたらし、人々の支持を保持するために、EUがどのように変化しなければならないかということです。

　ですがその前に、これらの問題に取り組む際の精神について述べたいと思います。時として、イギリスはヨーロッパの国々の中で理屈っぽく、主張を押し通すメンバーとみられていることは承知しています。

　イギリスの地理が国民の心理を形成してきたことは事実です。イギリスは独立心が強く、率直で、国家主権は死守するといった島国の性格を持っています。こうしたイギリス人の国民性を変えることはできません。それは英仏海峡の水をくみ出すことができないのと同じことです。

　そして、この国民性があればこそ、イギリスは感情的ではなく、より実利的な考えをもってEUに接してきました。イギリスにとってEUとは、繁栄や安定といった目的に対する手段、ヨーロッパ内外の自由と民主主義の拠り所となるものであり、目的そのものではありません。

Section 4
イギリスは独立性だけでなく開放性を特徴としている

Track 25

David Cameron:

We insistently ask: How? Why? To what end? But this doesn't make us somehow un-European. ❶The fact is that ❷ours is not just an island story: it is also a continental story.

Over the years, Britain has made her own, unique contribution to Europe. We have provided a haven to those fleeing tyranny and persecution. And in Europe's darkest hour, we helped to keep the flame of liberty alight.

❸ Britain is characterised not just by its independence but, above all, by its openness. We have always been a country that reaches out. That turns its face to the world. That leads the charge in the fight for free trade and against protectionism.

This is Britain today, as it's always been: independent, yes, but open, too. I never want us to pull up the drawbridge and retreat from the world. I am not a British isolationist. ❹ But, I do want a better deal for Britain. But not just a better deal for Britain. I want a better deal for Europe too.

---

insistently: 強情に、しつこく、あくまでも

haven: 避難所
flee: …から逃げる
persecution: 迫害
darkest hour: 暗黒の時。チャーチルが使った言葉で、ドイツが1940年6月にフランスを占領し、翌年ソ連に侵略するまでの時期を指す
alight: 燃えて

reach out: 手を差し伸べる
lead the charge: 先頭に立って戦う
protectionism: 保護主義

pull up the drawbridge: （城の堀にある）跳ね橋を上げる。門戸を閉ざすという意の比喩
isolationist: 孤立論者、孤立主義者

第3章 ビジョンを示すスピーチ
バラク・オバマ vs **デービッド・キャメロン**

ここがスピーチの達人技！

❶ The fact is that...（実際のところは…）は、先入観やイメージと現実との間に開きがあるときに使われます。ここでは、島国として独自の歴史を歩んできたイギリスというイメージに対して、実際には大陸とも密接に関わってきたことを述べています。ビジネスでも、You may think that... but the fact is that〜（…とお考えかもしれませんが、実際には〜）のように使えます。

❷ キャメロンお得意のふたつの文を対比させ後半を強調するパターン。ここではこれまでのように「AではなくBである」という「否定→肯定」のパターンではなく、island story（島国の物語）にcontinental story（大陸の物語）を加えて「AだけでなくBでもある」と強調しています。

❸ ❷と同様、independence（独立性）にopenness（開放性）を加えて、「AだけでなくBでもある」と強調しています。この2語は最後の段落でも、independent, yes, but open, too. という形で繰り返されています。

❹ これも❷❸と同じパターンです。イギリスのEUに対する姿勢は"semi-detached"（つかず離れず）で、おいしいところだけを取ってEU全体のためには犠牲を払わないという批判をかわすために、あくまでもヨーロッパが第一であるとストレートに伝えています。語気もかなり強く、力がこもっています。

【訳】

　イギリスは繰り返し問いかけます。どうやって？　なぜ？　何のために？　だからといって、イギリス人はどうもヨーロッパ的ではないということにはなりません。実際にイギリスの歴史は島国の物語であるばかりではなく、大陸の物語でもあるのです。

　長年にわたり、イギリスはヨーロッパに対して独自の比類なき貢献をしてきました。暴政や迫害から逃れてきた人々に避難所を提供しました。そして、ヨーロッパが暗黒の時を迎えた際には、自由の灯をともすことに力を貸してきました。

　イギリスは独立性だけでなく、何よりも開放性を特徴としています。常に手を差し伸べてきた国であり、世界の方を向き、自由貿易のために先頭に立って戦い、保護主義に真っ向から立ち向かっています。

　これが今日のイギリスの姿であり、これまでも常にそうでした。確かに、独立心は旺盛ですが、開放的な面もあります。門戸を閉ざし、世界に背を向けようと思ったことはありません。私はイギリスの孤立を願う者ではありません。しかし、イギリスにとってよりよい取引を求めます。とはいえ、単にイギリスにとってより有利になる取引を求めているのではありません。ヨーロッパにとっても、よい取引を求めているのです。

Section 5
EU が直面している 3つの困難

David Cameron:

❶ So I speak as a British Prime Minister with a positive vision for the future of the European Union. A future in which Britain wants, and should want, to play a committed and active part.

❷ Then some might ask: why raise fundamental questions about the future of Europe when Europe is already in the midst of a deep crisis? But it's essential for Europe, and for Britain, that we do because there are ❸ three major challenges confronting us today.

❸ First, the problems in the Eurozone are driving fundamental change in Europe. ❸ Second, there is a crisis of European competitiveness, as other nations across the world soar ahead. ❸ And third, there is a gap between the EU and its citizens which has grown dramatically in recent years.

Now if we don't address these challenges, the danger is that Europe will fail and the British people will drift towards the exit. I do not want that to happen. I want the European Union to be a success. ❹ And I want a relationship between Britain and the European Union that keeps us in it.

---

fundamental: 根幹にかかわる、根本的な

in the midst of...: …のまっただ中に
essential: 不可欠な

confront: 直面する

Eurozone: ユーロ圏、ユーロ通貨国

competitiveness: 競争力
soar: 急増する

drift towards the exit: 出口の方に流れる→EUを離脱する

第3章 ビジョンを示すスピーチ
バラク・オバマ vs **デービッド・キャメロン**

ここがスピーチの達人技！

❶ So I speak as... は「…として申し上げます」と立場を代表して述べる場合に使う表現。キャメロンはここで、自分の見解はpositive visionであると明言することによって不安の払拭に努めています。ビジネスにおけるスピーチでも、このように言うことによって立場が明確になると同時に、聞き手にも心構えができます。

❷ Section 3にもあった、いわゆる"pre-empt the issue"です（p.89❸参照）。相手が疑問に思うことを先回りして説明することによって理解を得ようとしています。ビジネスのプレゼンにも応用できます。

❸ three major challengesとした上で、First、Second、And third... と項目を列挙しています。聞き手の頭を整理するために、ぜひ応用したいスキルです。

❹ 「あくまでもEUの一員としてのイギリスである」というビジョンを明確に打ち出す決めゼリフ。この1文の前にI do not want..., I want... と得意の「AではなくBである」パターンで述べてから、keeps us in itとストレートに締めくくっています。話し方にも、keep us in itのinの1語にキャメロンの気合いが感じられます。

【訳】

そこで、イギリスの首相として、EUの将来に前向きなビジョンをもってお話ししたいと思います。わが国が情熱を傾け、積極的に関わりたい、そう思い、また思うはずの将来像についてです。

中にはこうたずねる人がいるかもしれません——ヨーロッパがすでに重大な危機に瀕している最中に、どうしてヨーロッパの将来に関わる根本的な問題を提起するのか、と。しかし、これはヨーロッパ、そしてイギリスにとって不可欠なことなのです。というのも、今日EUは3つの困難に直面しているからです。

まず、ユーロ圏における問題はヨーロッパを根底から変えようとしています。次に、世界中の国々が力をつけており、ヨーロッパの競争力は危機に晒されています。3つ目は、EUとその市民との認識のズレが、近年飛躍的に拡大していることです。

これらの困難に向き合わなければ、ヨーロッパの試みは失敗に終わり、イギリス国民はEU離脱に傾くリスクがあります。私はそうなることを望みません。EUの成功を望んでいます。そして、イギリスとEUとの関係は、わが国が引き続きEUの一員であるという関係であってほしいのです。

第3章のまとめ
リーダーに求められる「説明力」

　本章では名スピーカー（orator）として名高い英米現役首脳のスピーチを取り上げました。一国のリーダーとして重要なのは、国民に対する説明責任（accountability）であり、その責任を果たすには、説明する能力が重要になってきます。その「説明力」という点で、キャメロン首相のスピーチではどのようなところが参考になりますか？

　まず、ストーリーの運び方とキーワードの絡め方が絶妙です。結論から先に入るのではなく、いわゆる起承転結型です。このスピーチでは、イギリスのEUに対する姿勢について懐疑的な見方が広がる中、言葉を慎重に選びながら、①戦後史におけるEUの目的、②今のEUの目指すべき道、③それに必要なもの、④イギリスのEUとの関わり方と順を追って丁寧に話を進めています。そして、それぞれについて、① peace、② prosperity、③ change、④ island & continental story というキーワードを効果的に用いています。

　話し方という点では、終始落ち着いたトーンながら、ストレス（強勢）を置くべきところでは強くはっきり述べることで、自分の信念が聞き手の脳裏に残るよう工夫しています。

　十分納得したとは言えない聞き手に対して、どのように理解を求めたら効果的かという点で、とても参考になるスピーチでしたが、オバマ大統領の方はいかがですか？

　アメリカは移民の国ですから、隣の住人が昨日アメリカに来たばかりの人ということも日常茶飯事です。大統領は、そうした多種多様な人たちに自分がアメリカ国民であるという意識を持たせ、国としてまとめていく責務を負っているわけですから、相当な説明力が求められます。

　今回取り上げた the State of the Union Address は、文字通り「（アメリカという）国の現状」と「一般教書演説」の両方を指すものです。大統領として自分が何をなすべきか、そして同時に国民には何が課されているのかを、スピーチの冒頭で "my task" "the task of us all"（p.70）という形で対比して示していますが、対比することによって、国民がやらなければならないことは何かが非常にクリアになっています。聞いている人に明確に伝わるように話すテクニックは、ビジネスシーンでも応用できると思います。

第3章 ビジョンを示すスピーチ

なるほど、ビジネスで言われる clear and concise（**明確に、簡潔に**）につながる点がありますね。組織をまとめる立場にあるリーダーにとっても説明力は大切な要素ですが、人や組織を動かすという点で参考になることはありますか？

オバマ大統領の特徴は**具体例を挙げる**ことです。実際にこんな人がいる、こういうことはすばらしいという例を挙げることによって、アメリカ人としての誇りを持たせ、団結を促しています。たとえば、この一般教書演説の p.78 で取り上げた以外にも、ハリケーンが上陸した際に新生児の命を救うために駆けつけた看護師のことを名前を挙げて語っています。

具体例という点では、キャメロン首相もベルリンの壁に行ったときの体験など、自分の**パーソナルストーリー**を例に挙げていますね。

また、国民を関与させるという点では、国民の意識を変える工夫が随所に見られます。イギリスの島国根性を independence という言葉で表し、孤立主義者ではなく open な国でもあると語り、国民に改めて開放性を意識させようとしています。国民の意識改革なしに国民投票に突き進むわけにはいかないですからね。

具体例を挙げながら聞き手の意識を高めていく、変えていくといった手法は、政治の世界以外でも応用できそうですね。同じことを言うのでも、こういう言い方で話をされると、「なるほど」と納得できるかもしれないということはあると思います。その意味でも、伝え方というのは非常に大切な要素ですね。

わかりやすさに加えて、**印象に残る伝え方**ですね。キャメロン首相はイギリスとヨーロッパを対比させながら、We can no more change this British sensibility than we could drain the English Channel. (p.88)、The fact is that ours is not just an island story—it is also a continental story. (p.90) といったレトリックを効果的に組み込んでいますが、こういった表現のうまさはさすがスピーチの達人という感じですね。真似するのは難しいかもしれませんが、私たちがスピーチを行うときも、決めゼリフというか、**相手の心に刺さるワンフレーズを盛り込む**ことを意識してみてはどうでしょうか。

コラム

よいスピーカーの条件とは？ ②
—— 通訳者にとってのベスト／ワーストスピーカー

　同時通訳者の仲間内でよく話題になるのが、「通訳しやすいスピーカー、しにくいスピーカーはどういう人か」ということ。「これは困る」というスピーカーはどういう人かというと……。

❶ 早口
❷ 区切りがない（間をおかない）
❸ 論理だっていない

　❶については、私もとても早口なので、自分がスピーカーになった際に、通訳者がどれだけ大変であるか身に染みて痛感させられたことがあります。

　ただ、話すスピードが早いのもたしかに大変なのですが、実は❷の「区切りがない」の方がもっと大変です。よく私は「通訳者とは高度知識集約型情報処理サービス業である」という言い方をするのですが、要するに通訳者がしているのは、「意味の区切りごとに頭の中で情報処理をする」ということです。スピーチの場合、本来であれば「間」があるところが意味の区切りのひとつのキュー（手がかり）になります。ところが「間」がないと、どこで区切って情報処理をすればよいのか手がかりがつかめません。

　さらに❸の「論理立っていない」ですが、情報が秩序立てて語られていない場合や、思いつきで「これもある、あれもある」という具合に話がダラダラと連なっている場合は苦労させられます。What do you want to say? What's the point?（何が言いたいの？　要するに何なの？）と思わず言いたくなってしまいます。それを何とか英語に訳して通訳すると、聞いていた人から「英語で聞いたら何を言わんとしていたのかよくわかった」などと褒められたりすることもあります。

　一方の「通訳しやすいスピーカー」ですが、上記の条件を裏返してみると、よいスピーカーの条件を満たすことになります。つまり……

❶ 聞いている人の理解が追いつくスピード
❷ 音声であらわすときに意味の区切りに適切な間をおく
❸ 秩序立てて話をくみたてる

　いかがですか？　みなさんも通訳者のお世話になるような機会があれば、ぜひ上記のポイントを参考になさってみてください。

Hillary Clinton
ヒラリー・クリントン

George Osborne
ジョージ・オズボーン

第4章

説得力をもたせるスピーチ

Hillary Clinton

Remarks at the Women in the World Summit

ヒラリー・クリントン
前米国務長官

1947年、シカゴ生まれ。ウェズリー大学卒業後、イェール法律大学院でビル・クリントンと出会い、75年に結婚。その後、弁護士として活動。大統領となったビル・クリントンの妻として、93年から2001年までアメリカのファーストレディー。00年には上院議員となり、06年に再選。08年の大統領選挙における民主党予備選挙では候補者指名を争い、バラク・オバマと歴史的な接戦を繰り広げた。09〜13年にかけてオバマ政権下で国務長官を務めた。

スピーチの背景

2012年にニューヨークのリンカーン・センター（Lincoln Center）において開催された、第3回世界女性サミット（Women in the World Summit）でのスピーチ。これは「女性のための女性だけの討論会」のイベントで、主な出席者は当時国務長官であったヒラリー・クリントンのほか、マデリン・オルブライト元国務長官、女優のアンジェリーナ・ジョリーやデザイナーのダイアン・フォン・ファステンバーグ、トリー・バーチなどが出席していました。

また、同じく出席した女優のメリル・ストリープは、クリントン長官の紹介役としてステージに登壇。オスカー像を傍らに置いて、「ワールド・リーダーを演じると、これが手に入ります」とジョークで笑わせ、「私は女優。そして、彼女は本物です」とクリントン長官を紹介しました。それを受けてクリントン長官は「女性は生涯を通して、品定めするような目で見られがちです。彼女（メリル）が『パンツスーツを着た悪魔』なんてタイトルの映画に出演しなくてよかったです」と、かつてメリルがオスカー候補になった『プラダを着た悪魔』に引っかけたジョークで返しています。

ヒラリー・クリントンはバラク・オバマ大統領と民主党の大統領候補を選ぶ段階で激しく競り合い、結局、ケネディ家がオバマ支持に回ったこともあり、ヒラリーは候補の座を逃し、初の黒人大統領が誕生しました。もっとも民主党のマスコミ、特に女性有力記者のあいだでは、ヒラリー・クリントン待望論が出ており、ニューヨークタイムズ紙のモーリーン・ダウド氏は "Don't tread on us"（私たちを踏みつけないで）という記事で、ヒラリー・クリントンは世界の女性サミットで共和党保守派の女性への締め付けに関しては我慢がならないという剣幕であったことを書いています。まさにこのあたりから、すでにヒラリー・クリントンの2016年大統領選挙への道は始まったといってよいでしょう。

Section 1

大きな心をもつ母たちの存在

Hillary Clinton:

❶ I cannot believe what just happened. (Laughter) I really had no idea what was going to be portrayed or done by Meryl. I thought we might get some extraordinary renditions of everyone from ❷ Aung San Suu Kyi to Indira Gandhi, a reprise of Margaret Thatcher. And it was quite astonishing because I've always admired her. And as she said, we do unfortunately throughout our lives as girls and women often cast an appraising eye on each other. I'm just glad she didn't do a movie called ❷ *The Devil Wears Pantsuits*. (Laughter)

❸ But just as I marked various stages of my life by remembering what amazing role she was playing at the time, it is quite a humbling experience to have someone who I admire so greatly say what she said today. Because the work that I've done has been work that I felt drawn to for some of the same reasons that Meryl and I share these generational experiences, particularly these big-hearted mothers who challenged us to go as far as our efforts could take us.

---

portray: 表現する、描く、演じる
Meryl: 女優のメリル・ストリープ（Meryl Streep）のこと
rendition: 演奏、演出、公演
reprise: 再現、反復。映画『マーガレット・サッチャー 鉄の女の涙』でサッチャーを演じたメリル・ストリープは2度目のアカデミー主演女優賞を受賞した
appraising: 評価する、品定めする
The Devil Wears Pantsuits: メリル・ストリープがプラダを着こなすファッション誌の鬼編集長役を演じた『プラダを着た悪魔』(*The Devil Wears Prada*)という映画にかけている（『パンツスーツを着た悪魔』と言っているのはヒラリー・クリントンがよくパンツスーツを着ているから

humbling: 謙虚な

generational experiences: 世代に共通の経験
big-hearted mothers: 語感としては「肝っ玉母さん」のような存在感のある母親を表す

第4章 説得力をもたせるスピーチ

ヒラリー・クリントン vs ジョージ・オズボーン

🎤 ここがスピーチの達人技！

❶ ここで評価すべきはヒラリーのユーモア感覚。実はこのスピーチの前に、メリル・ストリープがおたがい品定めし合う女性の性質を表してCheck my jacket.（私のジャケット見て）とジョークを言うくだりがあり、それを受けてヒラリーがSo how do you like my jacket?（それで私のジャケットはいかがかしら？）と言いながら登場しています。スピーチの出だしなので特に注目を引き付けたいということもあり、数秒に1回笑いが起きるくらいのノリでユーモアやジョークを入れています。何が受けるかよく計算されており、やはりスピーチは楽しく聞けるようにする工夫が必要だということがわかります。

❷ ぐっと引き付けるように、聴衆が共通して興味をもっていそうな名前、映画の題名など身近に感じる材料を多く取り入れています。

❸ 司会をしたメリル・ストリープへの配慮と心遣いを示しています。ここで雰囲気を和ませながら、スピーチを進めるための環境づくりをしています。

【訳】
　何が起きたのか信じられません（笑）。メリル（ストリープ）が何を演じ、何をしようとしているのかまったく見当がつきませんでした。特別にアウンサンスーチーからインディラ・ガンジーまで演じてくれるのか、あるいはマーガレット・サッチャーを再び演じてみせてくれるのかと思いました。私はメリルのことを常に尊敬してきましたから本当に驚きました。メリルが言ったように、残念ながら私たち女性は少女の頃から大人になっても一生おたがいに辛辣な目を浴びせあっています。それにしても、メリルが『パンツスーツを着た悪魔』という映画に主演しなくてよかったです（笑）。

　私の人生のさまざまな段階を、メリルが当時どんな役を演じていたかで思い出せるように、これほどまでに尊敬している人に今日この場であのような言葉をかけてもらい、たいへん謙虚な気持ちにさせられています。というのも、私がしてきた仕事は、メリルと私が共有している理由から魅力を感じてきたものだったからです。その理由とは、同世代の人間として共有している経験や、とりわけ努力によって行けるところまで行くように意欲をかき立ててくれた大きな心をもつ母の存在です。

Section **2**

仕事というより使命
困難であるより刺激

Track 28

Hillary Clinton:

So here we are at the end—it truly is the end—of the conference that has brought all of these women of the world, in the world, to New York. ❶ And I want to thank Tina Brown and her entire team that worked so hard to enable everyone to see what I get to see all the time. I just can't thank them enough. (Applause)

Because for me, ❷ it has not been so much work as a mission, it has not been as strenuous as it has been inspiring, to have had the chance throughout my life, but certainly in these last 20 years, to have the privilege of meeting women and girls in our own country and then throughout the world ❸ who are taking a stand, whose voices are being heard, who are assuming the risks that come with sticking your neck out, whether you are a democracy activist in Burma or a Georgetown law student in the United States of America. (Applause)

Tina Brown: ティナ・ブラウン。この女性会議の組織をしたライター

not been so much A as B: AというよりB
strenuous: とても大変な

privilege: 特権

take a stand: 態度を明確にする

stick one's neck out: あえて危険を冒す

第4章 説得力をもたせるスピーチ
ヒラリー・クリントン vs ジョージ・オズボーン

🎤 ここがスピーチの達人技！

❶ every one to see（みなに見せたい）、what I get to see（私はいつも見る機会を得ている）と、自分の自分の恵まれた立場に言及し、支えてくれた人たちがいたからこそ、この会議の開催が可能だったと言って具体的な名前を挙げて感謝しています。to enable everyone to see... は「…をみなさまにご理解いただけるように」という言い回し。応用が利くので使ってみたいですね。また、just can't thank them enoughは「どんなに感謝してもしきれない」というニュアンス。常套句ですが覚えておきたい言い回しです。

❷ 文型も、リズムがよいような工夫がされています。 it has not been... という対比している構文が2度繰り返されています。「…というほど～ではない」という言い回しです。発音のしかたにも注目しましょう。

❸ 非常に長い文章ですが、ここが強調したい部分です。声を上げ、勇気を出して自分の姿をさらして発言することの大切さを説いていますが、ヒラリー自身が実践しているだけに説得力があります。最後のビルマの民主化運動の活動家とジョージタウンの法学部の学生といった例も効果的です。

【訳】

というわけで、これで本当にこの会議の最後になりますが、世界中の女性がこの会議のためにここニューヨークに集まってくれました。ティナ・ブラウンとチーム全員にお礼を言いたいと思います。このチームの懸命な尽力のおかげで、いつも私が目にしていることをみなさんにご覧いただくことができました。どれほど感謝しても足りません（拍手）。

私にとって、人生を通じて機会を与えられてきたことは、仕事というよりも使命であり、困難であったというよりも刺激でした。特にこの20年は、自分の国だけでなく世界中の国々の女性たちに会う機会に恵まれてきました。彼女たちは立場を明確にし、意見を述べ、危険を冒すことに伴うリスクを背負っている女性たちです。それはビルマの民主化運動の女性活動家であろうが、アメリカのジョージタウンの法学部の女子学生だろうが同じことです（拍手）。

Section 3
アウンサンスーチーと ネルソン・マンデラとの思い出

Hillary Clinton:

❶ When I sat down alone for dinner with Aung San Suu Kyi back in November, it really did feel like meeting an old friend, even though it was the first time we've had a chance to see each other in person. Of course, from afar I had admired her and appreciated her courage.

in person: 直接対面して
from afar: 遠方から
appreciate: 高く評価する

I went to the house where she had been unjustly imprisoned. Over dinner, we talked about ❷ the national struggle, but we also talked about the personal struggle. How does one who has been treated so unjustly overcome that personal sense of anger, of the years that were lost, families that were no longer seen, in order to be a leader that unites and brings people together?

imprison: 監禁する

overcome: 克服する

❸ Nelson Mandela set such a high standard, and he often told me how going to prison forced him to overcome the anger he felt as a young man, because he knew when he walked out that prison door, if he were still angry, if he still was filled with hatred, he would still be in prison.

第4章 説得力をもたせるスピーチ

ヒラリー・クリントン vs ジョージ・オズボーン

ここがスピーチの達人技！

❶ アウンサンスーチーとのエピソード。スーチーさんに対する尊敬の念が素直に明確に表現されています。聞き手にも気持ちがまっすぐに伝わってくる表現です。

❷ the national struggle（国としての闘い）とthe personal struggle（個人の闘い）を重ね合わせて示しています。スピーチで大事なのは共感を呼ぶことですが、国のために闘う女性の姿が、実は個人の闘いにも通じるところがあるのだということを示し、身近な存在として引き付けることで「聞こう」という気持ちにさせています。

❸ ネルソン・マンデラを引き合いに出しているのも効果的です。anger、angry、still be in prisonのstillを強調し、怒りこそが自分の行動をせばめ、自らをがんじがらめに縛ってしまう感情であることを、マンデラ氏とのエピソードをもとに述べています。

【訳】
　11月にアウンサンスーチーさんと2人きりで夕食をご一緒したとき、お会いするのはそのときが初めてだったにもかかわらず、古くからの友人に会っているような気がしました。もちろん、遠く離れた地からではありますが、私は常に彼女のことを尊敬し、その勇気を称えていました。

　彼女が不法にも監禁されていた家にもお邪魔しました。夕食の席では国の闘いについて話しましたが、個人の闘いについても話しました。これほど不当な扱いを受けた人間が、どうすれば個人的な怒りを克服し、失われた年月や、もはや会うことの叶わなくなった家族のことを乗り越え、人々を団結させる指導者となることができるのでしょうか。

　ネルソン・マンデラ氏はきわめて高い基準を設定しました。マンデラ氏は、刑務所に入れられた経験によって、若い頃に感じた怒りがいかに抑えられるようになったか、たびたび私に語ってくれました。刑務所から解放されたときにも怒りを感じ、憎しみにとらわれているとすれば、刑務所にいるのと同じことだとわかっていたからです。

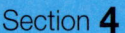

Section 4
どういう女性たちであるかよりも女性たちが何をするか

Hillary Clinton:

Now, we can tell stories all night and we can talk about the women who have inspired us. ❶ But what inspires me is not just who they are, but what they do. They roll their sleeves up and they get to work. And this has such important implications for our own country and for our national security, ❷ because our most important goals, from making peace and countering extremism to broadening prosperity and advancing democracy, depend to a very large degree on the participation and partnership of women.

Nations that invest in women's employment, health, and education are just more likely to have ❸ better outcomes. Their children will be healthier and ❸ better educated. And all over the world, we've seen what women do when they get involved in helping to bring peace. ❹ So this is not just the right thing to do for us to hold up these women, to support them, to encourage their involvement: this is a strategic imperative.

---

roll one's sleeves up and get to work: 袖をまくりあげて仕事にとりかかる。一生懸命に地道に作業にあたる様子を表す
implication: 意味合い
national security: 国家安全保障
extremism: 過激主義
to a large degree: かなり、大いに
participation and partnership: 参画と連携（パートナーシップ）

outcome: 結果

get involved in...: …に関与する、参加する

imperative: 必須事項、責務

第4章 説得力をもたせるスピーチ
ヒラリー・クリントン vs ジョージ・オズボーン

ここがスピーチの達人技！

❶ whoとwhatに音声上の強勢が置かれ、すぐれた実績のある女性について、それが誰であるかではなく何をしたかが重要であるという本質について語っています。not A but B（AではなくB）という対比の構文を使うと効果的なので、ぜひ覚えておきましょう。たとえば、I came here **not** just to talk **but** to make a statement.（ここに来たのはおしゃべりを楽しむためではなく自分の主張をするためだ）などと使います。

❷ 世界のさまざまな重要な問題の解決には、participation and partnership of women（女性の参画とパートナーシップ）が不可欠であると女性に共感を呼ぶ言い方でわかりやすく訴えています。

❸ betterを2回使うことで文章にリズム感を出しています。音声を聞いて確認してみましょう。

❹ 結論として、女性を支持していくこと、および女性の参画の重要性というふたつのメッセージを巧みに同時に訴えています。This is not just the right thing to do for usは❶で取り上げたのと同じく、「ただ単にこれが正しいことであるだけではなく…」と、いったん否定を前に出して、その後で打ち消すことでメッセージに力強さを出しています。覚えておきたいテクニックです。

【訳】

　私たちに刺激を与えてきた女性たちの話を一晩中することはできます。けれども、私を勇気づけるのは、どういう女性たちであるかというよりも、女性たちが何をするかです。彼女たちは袖をまくって仕事に取りかかる女性たちです。このことは私たちの国にとって、私たちの国の安全保障にとって重要な意味合いを持ちます。なぜなら、私たちのもっとも重大な目標は、平和を実現し過激派に対抗することから、繁栄を拡大し民主主義を推進させることまで、女性の参画とパートナーシップにきわめて大きく依存しているからです。

　女性の雇用、健康、教育に投資する国は、よりよい結果をもたらす可能性が高いと言えます。そういう国の子どもたちは、より健康で、より高度な教育を受けることになります。世界のいたるところで、女性が平和の構築に関わるとどれだけの力を発揮するのか私たちは目の当たりにしてきました。ですから、こうした女性たちを助け、支援し、彼女たちの参画を促すのは、私たちにとって正しいことであるだけではありません。まさに戦略的に重要なことなのです。

George Osborne

2013 Spending Review

ジョージ・オズボーン
イギリス財務相

　1971年、ロンドン・パディントンで準男爵の家系に生まれる。オックスフォード大学で近代史を専攻。卒業後はジャーナリストをめざすものの、94年、保守党のリサーチ部門に加わる。スピーチライターを経て、2001年、下院議員に選出。05年、影の内閣で財務相を務め、デービッド・キャメロンの保守党党首選ではキャンペーン・マネージャーとして尽力。10年、財務相に就任。当時38歳であったことから、「過去125年間で最年少の財務大臣」と話題をよんだ。キャメロンの盟友として知られる。

スピーチの背景

　2013年度の国家予算について、議会に中間報告を行ったスピーチです。

　財政政策（fiscal policy）とは、突き詰めて言えば、「税金をどのように取って、それをどう使うか」ということになります。支出が税収入を上回れば、国債を発行して調達する、つまり借金をすることになります。

　2010年の政権交代直後、キャメロンとオズボーンのコンビは、リーマンショック後の景気刺激策によって膨れ上がった財政赤字と借金の現状を直視するよう国民に求め、緊縮（austerity）の方向に大きく舵を切りました。追い打ちをかけるようにユーロ危機が発生し、イギリス経済を取り巻く環境は厳しさを増しました。しかし、国民に痛みを強いる政策を先送りにしがちな政治家が多い中、オズボーンはブレることなく、真正面から財布の紐を締める予算を組んできました。

　ところで、このスピーチをお聞きいただくとおわかりになるように、イギリス議会は与野党が激しく対立して議論を展開するのが日常の姿であり、議員も野次を飛ばされることに対してある程度の免疫があります。しかし、予算の徴収方法や使い道にはさまざまな考え方があるため、突っ込みどころも満載で、予算がらみのスピーチは野党が野次を飛ばしやすい環境にあります。そんな中、オズボーンは与党の賛同の声をバックに、野次に対してひるまずに堂々と実績と方針を示すことで乗り切ろうとしています。

　このスピーチは実際には60分にも及ぶ長いもので、取り上げたのは、はじめ、中間、そして締めの部分です。クライマックスでは、かなりテンションが上がっているのがわかります。実績を示しつつ、議会や国民を説得しながらスピーチのボルテージを上げていく様子を、議会の臨場感とともに、じっくりと耳を傾け、スクリプトで確認してみましょう。

Section 1

イギリス経済は集中治療室から出つつある

George Osborne:

Mr Speaker, ❶ this Coalition came into office with a commitment to address, with firmness and resolve one of the biggest economic crises of the post-war era. And the action we have taken, together with the British people, has brought the deficit down by a third, helped a record number of people into work, and taken our economy back from the brink of bankruptcy. (Yeah)

And it allows us to say that, while recovery from such a deep recession can never be straightforward, ❷ Britain is moving out of intensive care, and from rescue to recovery.

Today, we announce the latest action to secure the recovery. (Yeah)

We act on behalf of every taxpayer and every future taxpayer who wants ❸ high quality public services at a price our country can afford. We act on behalf of everyone who knows that ❹ Britain has got to live within its means.

Mr Speaker: 議長（男性）
Coalition: 連立政権。ここでは、保守党と自由民主党の連立政権を指す
come into office: 就任する、発足する

deficit: 債務。財政赤字 (budget deficit) を意味する場合もあるが、ここでは国の借金を指す
by a third: 3分の1。増減は by 20%、by a half のように「by＋数字」で示す
from the brink of...: …の崖っぷちから
bankruptcy: 破産、倒産

recession: 景気後退、不況
straightforward: 容易な、簡単な
intensive care: 集中治療

on behalf of...: …の代わりに、…の代理として

has got to...: …しなければならない（have got to は have to のイギリス英語）
within its means: 収入の範囲内で。この means は「収入、資産」の意

※イギリスのスピーカーの場合、イギリス英語表記を採用しています。

第4章 説得力をもたせるスピーチ
ヒラリー・クリントン vs **ジョージ・オズボーン**

ここがスピーチの達人技！

❶ まず、commitment（コミットメント、約束）、firmness（決意）という単語を使って強い決意をアピールしてから実績を発表するという展開です。なかなか上手いお膳立てです。

❷ くどくどと説明するのではなく、intensive care（集中治療）という比喩を使うことによって経済がどういう状態であるのかを一目瞭然にしています。次のfrom rescue to recoveryという語呂のよいフレーズも最悪期を脱した状況をうまく形容しています。このrescueとrecoveryという単語のペアは、rescue and recovery efforts（救助・復旧作業）やrescue and recovery（［コンピュータの］障害と復旧）といった場合によく使われます。話し方も、moving out of のoutをゆっくり強く発音し、「抜け出した」ことを強調しています。

❸ 「国として提供できる価格での質の高い公共サービス」とは、裏を返せば、価格に見合ったサービスしかできないということ。さり気ない文章に政府の見解をうまく潜り込ませています。

❹ ❸で前ふりをしておき、お金を湯水のように使うことはできないとはっきり伝えています。

【訳】
　議長、現連立政権は、戦後最大の経済危機のひとつに取り組み、揺るがぬ決意を持って解決することを約束してスタートしました。イギリス国民の協力を得ながら、これまでに次の措置を取ってまいりました。
・政府債務の3割削減
・記録的な雇用創出
・破綻寸前であった経済の蘇生

　きわめて深刻な景気後退からの回復は決して一筋縄にはいきませんでしたが、イギリスは集中治療室から出つつあり、救援を必要とする状態から回復へと向かっていると言えましょう。

　本日、回復を軌道に乗せるための最新の措置を発表いたします。

　政府は、現在そして将来の納税者を代表して行動しますが、納税者は国が提供できる価格で質の高い公共サービスを求めています。政府は全国民の利害を代表して行動しますが、国民はイギリスが収入に見合った暮らしをしなければならないことを理解しています。

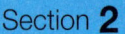

Section 2
最大の不公平は次の世代に負債を負わせること

George Osborne:

And we have applied ❶three principles to the Spending Round I set out today.

❶Reform: to get more from every pound we spend.
❶Growth: to give Britain the education, enterprise and economic infrastructure it needs to win the global race.
And fairness: making sure we are all in it together by ensuring ❷those with the broadest shoulders bear the largest burden and making sure ❸ the unfairness of the something for nothing culture in our welfare system is changed. (Yeah)

Mr Speaker, we have always understood that ❹ the greatest unfairness was loading debts onto our children that our generation didn't have the courage to tackle ourselves.

We've always believed against much opposition that it is possible to get better public services at lower cost, that you can cut bureaucracy, and boost enterprise by taking burdens off the back of business.

---

principle: 原則

Spending Round: 支出計画（= Spending Review）。今後3年間にわたる支出計画をまとめたイギリス財務省の計画書

enterprise: 事業、民間企業

something for nothing culture: 何もせずに与えられるという、いわば「待っていればもらえる」という安直な考え方を指す

load: 積む、乗せる

tackle: 取り組む

bureaucracy: 官僚（制度）

第4章 説得力をもたせるスピーチ
ヒラリー・クリントン vs **ジョージ・オズボーン**

ここがスピーチの達人技！

❶ 「3原則」としてReform（改革）、Growth（成長）、Fairness（公平性）という心地よく響くキーワードをうまく選んでいます。キャメロンと同じく記憶に残りやすい3つの項目にまとめていますね。

❷ 富裕層をthose with the broadest shoulders（肩幅の最も広い人）と呼び、最も重い荷を担ぐ役回りと形容することで「金持ち優遇」という保守党のイメージ払拭に努めています。背後からは「金持ちに甘いくせに…」と言わんばかりに「ウーッ！」という野党のヤジが聞こえますが、オズボーンは一切ひるみません。ビジネスでも、相手の反応が厳しいときこそ堂々とした態度で乗り切ることも必要です。

❸ 税金を払わずに福祉の恩恵にあずかろうとする「タダ乗り組」のことを指しています。something for nothing culture（nothingと引き替えにsomethingがもらえる文化）とわかりやすく形容して、「甘い汁は吸わせないぞ！」と脅すのではなく、柔らかくクギを刺しています。

❹ 3原則のひとつであるfairnessを逆手にとって、借金問題に目をつぶることこそ最大のunfairnessだとし、前政権が放置してきたことを暗に批判しています。

【訳】
　本日提示する歳出計画については3つの原則を適用しました。

　改革：どんなささいな歳出額でも最大限に活用すること。
　成長：グローバルな競争に勝つために必要な教育、民間事業、経済基盤を整備すること。
　公平性：富裕層の負担を最大にする一方、全員が必ず負担をし、福祉制度において「負担せずにサービスを受ける文化」を変えること。

　議長、私たちが常々考えてきたことですが、最大の不公平は負債を次の世代へ押しつけ、私たちの世代が取り組む勇気を持たなかったことです。

　多くの反対者がいようと私たちが常に信じてきたのは、コストを下げても公共サービスを向上させることは可能であり、官僚を削減し、負担を取り除くことによって民間企業を活性化させることは可能であるということです。

Section 3
イギリスはかつて未来が誕生する場所だった

George Osborne:

❶ Britain was once the place where the future was invented. From the railway to jet engine to the world wide web. We can be that country again.

❷ And today we set out how to get there. A huge amount of innovation and discovery still goes on. But successive governments of all colours have put short term pressures over the long term needs and refused to commit to capital spending plans that match the horizons of a modern economy.

❷ Today we change that. We commit now to 50 billion pounds of capital investment in 2015, from roads to railways, bridges to broadband, science to schools.

Mr Speaker, step by step, this reforming Government is making sure that Britain lives within its means. (Yeah) The decisions we take today are not easy and these are difficult times.

But with this statement we make more progress towards ❸ an economy that prospers, a state we can afford, a deficit coming down, and a Britain on the rise. And I commend this economic plan to the country. (Yeah)

---

successive: 連続する、継続した

capital spending: 資本投資のための支出。工場の建設などの長期的な投資を指す

capital investment: 設備投資

prosper: 繁栄する

commend: 委ねる、提出する

第4章 説得力をもたせるスピーチ

ヒラリー・クリントン vs **ジョージ・オズボーン**

ここがスピーチの達人技！

❶ イギリス人のプライドに働きかける絶妙な文章です。"We can be that country again."と言って国民を鼓舞しています。話し方もthat countryのthatにアクセントが置かれ、「あの頃のような国」というニュアンスを出しています。社員に対して、「昔の姿を取り戻そう」と言うときは、"We can be that company again."と言ってみてもいいですね。

❷ todayという単語をうまく使っています。聞き手は、And today we set out... 、そしてToday we change that.と言われると、本当に「今日から何かが変わる」、「新しいことが起こる」という気持ちになってきます。効果を上げるためにtodayははっきりと発音され、ほんの一瞬だけ間が置かれています。

❸ スピーチの締めとして、たたみかけるようにポイントを復唱しています。4項目ありますが、イギリス財務省が発表した原稿をみると、and a Britain on the riseの前にコロン（：）がついています。3つの項目が実現されたあかつきにはイギリス経済が上向くということで、ここでもポイントは3つとなっています。

【訳】

イギリスはかつて、鉄道に始まり、ジェットエンジン、そしてインターネットに至るまで、未来が誕生する場所でした。イギリスはもう一度、あのような発明の国になることができるのです。

本日、そこに至る道筋を示します。今でも非常に多くの技術革新や発見が行われています。しかし、どの歴代政府も長期的な需要を抑えつけ、短期的なものを追い求めてきました。今の時代の経済にふさわしい設備投資計画に対してコミットすることを避けてきたのです。

今日からこれまでのやり方を変えます。2015年には、道路から鉄道、橋からブロードバンド、科学から学校教育に至る設備投資に500億ポンドを拠出します。

議長、一歩ずつではありますが、改革に取り組む現政府は、イギリスが身の丈に合った生き方をしていくことを確実に推進してまいります。今日の決定事項を実行に移すのは容易ではなく、厳しい時代にあります。

しかし、本日の発表により、イギリスは繁栄する経済、収入に見合った国、債務削減に向かって進んでいきます。そして、イギリス経済は上向いていくのです。この経済計画を国に提出いたします。

第4章のまとめ
聞き手を前向きな気持ちにさせるには

　女性初のアメリカ大統領となるか去就が注目されるヒラリー・クリントンとイギリス財政の鍵を握るジョージ・オズボーンという政界リーダー2人のスピーチを取り上げましたが、共通しているのは「聞き手が前向きな気持ちになる」点だと思います。ヒラリーのスピーチから学べることは何でしょうか？

　話し方が非常にクリアですね。スピードも速すぎず、声の質もよく、発音もわかりやすいので、もともと聞きやすいスピーカーと言えるでしょう。それに加えて、今回はヒラリーが非常に尊敬しているメリル・ストリープが司会をしていることも相まってユーモアも入り、場を和やかにしています。上手なスピーカーというのは、その場を和やかにさせ、耳に痛い内容でも聞き手が元気になるような言い方をするスキルを持っています。ヒラリーには、聞き手を自分の土俵に引きずり込み、うまく乗せてしまうようなパワーがあると思います。

　それから、たとえばアウンサンスーチーのことを「以前から尊敬し勇気のある人だと思っていたけど、初対面で長年の友人のように話ができた」と言っているところなど、**話にいろいろな人を登場させる**のもうまいですね。ネルソン・マンデラの話も引用されていましたが、すぐれた実績を残した人を引合いに出して、それが誰だからということではなく、どういうことをしたから大事なのかという点を上手に話し、どうすれば結果を出せるのかというところにうまく話を持っていっています。直接会ったことはなくても、尊敬すべき人物の言動を引用するスタイルは、私たちがスピーチをするときにも応用できるでしょう。

　たしかにヒラリーさんのスピーチにはいつもパワーを感じます。
　ところで、耳に痛い内容といえば、本書で取り上げたオズボーンのスピーチです。国の借金を減らして財政を立て直すには国民に痛みを伴う話をしなければならないし、ヤジを飛ばすチャンスを虎視眈々と狙う野党の連中を黙らせなければならない。そこでオズボーンの取った作戦が実績を示すことです。これだけやったのだから文句があるかと言わんばかりに、借金を減らし、記録的な雇用を創出し、破綻寸前の経済を蘇生した実績を突きつけています。
　また、相手に隙を与えないように、**結論を先に述べて補足説明する**

という順序で攻めています。聞いていて前向きになるとまではいかなくとも、聞き手が納得するような説明を心掛けています。

このように、**数字などを使って実績を示す**、**結論を先に述べてから補足説明する**といったスタイルは、せっかちなビジネスパーソンが集まるミーティングで参考になりそうですね。

実績や結果はすべてに勝る説得材料ですからね。レトリックという点でも2人ともすぐれていますよ。たとえば、ヒラリーは better を多用していますが、to have better outcomes, better educated というふうに better を重ねて使っているところなんかは、やっぱり前向きな彼女ならではの encouraging（元気づける）な言い方で、リズム感もあります。

あとは、big-hearted mothers who challenged us という個所（p.100）ですが、big-hearted mothers には「心が広く懐が深い、肝っ玉母ちゃん」みたいなイメージがあります。そうした母親たちが、「がんばれ、あんたはもっとできる」と応援したからこそ今の自分たちの存在があるというくだりは、女性の応援歌としてとても共感できました。さらにヒラリーは下の世代を鼓舞して前に続く人にもっと負けずにがんばれと言っているわけです。

オズボーンのスピーチにもさまざまな工夫が見られます。自分のやる気や決意を見せるのに、with a commitment（責任を持って）や with firmness（断固として）といった語句を使って**「ブレない座標軸」**を演出しています。また、国民に対しては fairness が重要と言っていますが、その中で fairness と unfairness を対比させて語り、「自分もやるからみんなもやろうよ、それでイギリスをよくしていこうよ」と前向きに語りかけます。仕事上のスピーチでも、相手を引き込むには、一緒にやっていこうという**一体感を醸成していく**ことが大切だと思います。

encouraging な表現の極めつけは、Britain was once the place where the future was invented.（イギリスはかつて未来が生まれる場所だった）と「イギリスは発明の国だ」と言って国民を鼓舞している部分です（p.114）。この the future was invented は琴線に触れるところですね。

厳しいことを要求しながらもそれだけで終わらせずに、聞き手を前向きな気持ちにさせて結ぶ手法は、スピーチの原稿を考えるときに参考になると思います。

コラム

Q&A セッションを恐れずに！

　ビジネスパーソンと話をすると、プレゼンやスピーチ自体は準備ができるからまだよいものの、質疑応答の Q&A セッションで飛び出す質問にテキパキと答えていくのが難しいという声をよく耳にします。

　Q&A セッション対策としては、想定問答集を作成しておくことが有効です。プレゼンやスピーチでテーマが決まっている場合、想定外の質問はあまりないはずです。むしろ難しいのは、質問なのか意見なのかよくわからないコメントをしてくる人への対処法でしょう。

　イギリスである会社のプレゼンに参加したときのこと、同行したイギリス人上司が私に向かって、「Q&A セッションで質問しろ」と言い出しました。「なぜネイティブスピーカーでない私が……」と噛みつくと、「日本人は質問しないから目立っていい」と言うのです。不安そうな私の顔を見て彼が言ったコメントは、"There are no stupid questions. There are just stupid answers."（バカげた質問などない。バカげた回答があるだけだ）

　プレゼンを必死に聞きながら何とか質問をひねり出し、Q&A セッションに入ったところで勇気を振り絞って手を挙げると、さっそくマイクが回ってきました。思い切って会社名と名前を言い、質問をしました。

すると、相手は "That's a good point." と言って丁寧に答えてくれました。プレゼン終了後には先方から話かけてきてくれた上に、他の出席者も私のところに挨拶に来たのには驚きました。上司の思惑通り、副産物をもたらしたのです。もっとも、上司は帰り道で「お前を眠らせないための作戦さ」などと毒を盛ったユーモアをかましてきましたが……。

　話し手に対して質問をするのは、聞き手にとってある種の礼儀であり、自己 PR の場でもあります。ひるがえって、質問される側も、質問におびえることなく「知的キャッチボール」を楽しみ、相手に気持ちよく自己 PR をさせてあげればよいでしょう。

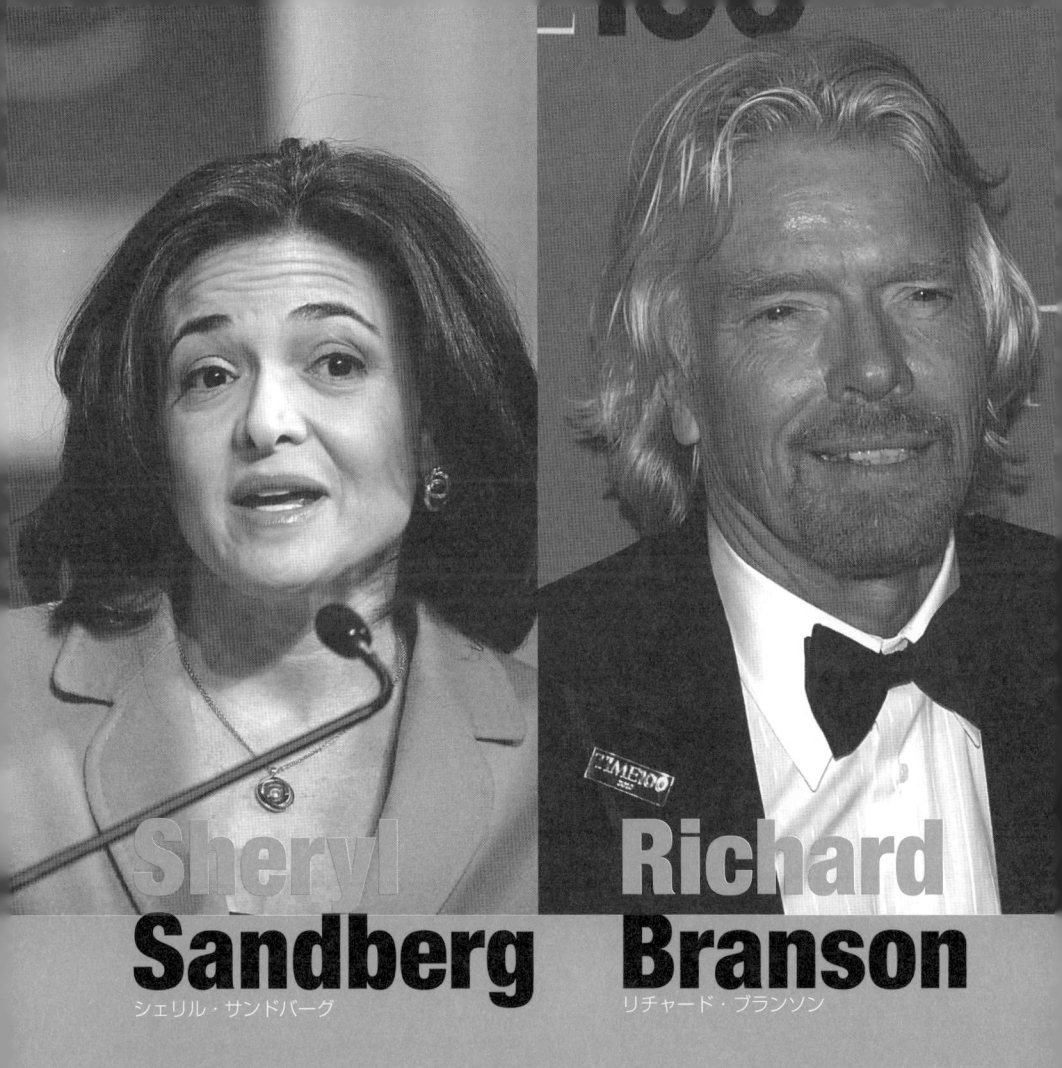

Sheryl Sandberg
シェリル・サンドバーグ

Richard Branson
リチャード・ブランソン

第 5 章
モチベーションを高めるスピーチ

Sheryl Sandberg

Remarks at Davos in 2013
Women in Economic
Decision-making

シェリル・サンドバーグ
Facebook COO

　1969年、ワシントン州生まれ。ハーバード大学、ハーバード・ビジネススクールでどちらも最優等の成績を収め経営学修士号（MBA）取得。

　世界銀行、マッキンレーでの勤務を経て、クリントン政権では財務省主席補佐官に就任。その後、Googleで副社長を務めた後、2008年からFacebook最高執行責任者（COO）、12年には取締役に就任。

　2人の子どもをもつ母であり、働く女性の生き方を綴った著書『LEAN IN（リーン・イン）』は世界的ベストセラーに。

スピーチの背景

　スイスのダボスで2013年1月に行われた世界経済フォーラムでのパネルディスカッション"Women in Economic Decision-making"（経済的な意思決定をする際の女性の役割）における発言。今をときめくカリスマ女性COO（最高執行責任者）が、女性の地位は現在でも低く、ジェンダーによるステレオタイプに支配され、女性に対する社会での扱いが異なると発言したことで大きな反響を呼びました。

　サンドバーグは以前、女性は会議場のメインテーブルではなく後ろに並べられた椅子に座る傾向があることや、男性を立てる女性のほうが好感度が高いという意識を女性自身がもっていることが女性のキャリアアップにブレーキをかけてしまっていると指摘したことから、女性を攻撃していると受け止められることもありました。

　このパネルディスカッションでは、女性自身の意欲がなければ男性中心の社会の構図を崩すことはできないと女性に奮起を促し、ジェンダーにまつわるステレオタイプに目を向けさせる内容となっています。

Section 1

ジェンダーについて
オープンに話し合うことが必要

Sheryl Sandberg:

I think organizations play a critical role. Organizations need to address the institutional barriers we all know about, the overt discrimination, the non-overt discrimination, the lack of flexibility.

❶ And but I think what the situation really calls for right now, in addition to that, is a much more open dialogue about gender. Because we're all determined, and we are all judged and held back by very gender-determined stereotypes, and this is a conversation people rarely have, and no one has in companies.

❷ So the following is true. There are T-shirts printed for little boys and little girls. The ones for boys said, "Smart like Daddy;" the ones for girls said, "Pretty like Mommy." ❸ I wish I could say that was 1951 but that was last year in the United States.

---

critical: 重大な

address: 対処する、取り組む
institutional barriers: 制度的障壁
overt: 明らかな
discrimination: 差別

call for...: …を求める、…を必要とする

hold back: 抑え込む
gender-determined: ジェンダーによって決定された
stereotypes: ステレオタイプ、固定概念

第5章 モチベーションを高めるスピーチ
シェリル・サンドバーグ vs リチャード・ブランソン

ここがスピーチの達人技！

❶ right now、genderの語尾を上げることで聞いている人に同意を求める話し方です。前段で組織における差別の存在に言及した上で、何が行動として必要なのかを強く主張しています。このように、問題を指摘してからどうすればよいかを述べると聞き手の印象に強く残ります。

❷ ジェンダーという複雑な問題を身近な例できわめてわかりやすく示しています。現実の例を具体的に挙げることで、ジェンダーに関する固定概念がいかに早い段階から、どのようにして刷り込まれているのかを鮮やかに語っています。

❸ 過去の話ではなく今の出来事であると付け加えることで、よりいっそうインパクトを強めています。

【訳】
　組織の果たす役割は重大だと思います。組織は周知のものである制度上の障壁や、明らかな差別やそうでない差別、それに柔軟性の欠如といったものに取り組む必要があります。

　しかし、それに加えて今の状況に本当に必要なのは、ジェンダーについてもっとオープンに話し合うことだと思います。なぜなら、私たちはまさにジェンダーにまつわる固定概念によって判断され、型にはめられているというのに、このことが話題に上ることはめったになく、職場では誰も話題にしないからです。

　次にお話しするのは実際にあったことです。幼児用の男女のTシャツがあって、男の子用には「パパみたいに頭がよい」、女の子用には「ママみたいにきれい」と書いてあります。これが1951年の話だったらよかったのですが、去年のアメリカでの出来事なのです。

Section 2
女性は成功すればするほど嫌われる？

Sheryl Sandberg:

❶ Now, why does that matter for companies? It matters a great deal, because what the research shows us more than anything else is that the main difference between men and women in the workplace is that success and likeability are positively correlated for men, and negatively correlated for women. Which means that as a woman becomes more successful she is less liked—very importantly by women and men. And as a man is, you know, becomes more successful, he is more liked. And that starts with those T-shirts which were printed for one year olds.

❷ So how does this transform in companies? I've watched this a thousand times. You go around and everyone's talking about the team. ❸ They go to each person on the team and they say what their strengths and weaknesses are. ❸ They go to the man, they say their strengths and weaknesses. ❸ They go to the next man, ❸ they say their strengths and weaknesses.

workplace: 職場
likeability: 好ましさ、好感度
correlate: 相互に関連付ける

transform: 形を変える

第5章 モチベーションを高めるスピーチ
シェリル・サンドバーグ vs リチャード・ブランソン

ここがスピーチの達人技！

❶ このセクションでポイントとなっているのがふたつの質問です。まず問いかけて、それに答えるかたちで大切なことが浮き彫りになるように構成されています。最初の質問では、成功と好感度の相関関係が男女では異なることの指摘につながっていきます。

❷ ジェンダーによるステレオタイプが、会社においてはどのようなかたちをとって現われているのかというふたつ目の質問です。それに対し、社内でのうわさ話という、またもや身近でイメージしやすい例を自分の経験として挙げながら、次の展開への布石を打っています。

❸ they の使い方にも注目です。特にthey go to the man と、チームの人たちについて言及しているところですが、私たちがみなというのであればwe を使うのに、ここは男性が女性を除外しているというニュアンスでthey が使われています。

【訳】
　さて、なぜこれが企業にとって重要な問題なのでしょうか？　このことが大いに重要である理由は、調査の結果が何よりも顕著に示しているように、職場での男女間の最大の相違点は、成功と好感度が男性の場合は正の相関関係にあるのに対し、女性の場合は負の相関関係にあるということだからです。つまり、女性は成功すればするほど好感度は下がり、しかも非常に重要なことですが、男女両方から嫌われていくのです。男性はといえば、成功すればするほど好感度は上がります。こうしたことは１歳児向けのＴシャツの段階からすでに始まっているというわけです。

　では、企業ではこのことはどのように姿を変えて現われているのでしょうか？　私は次のような光景を何度も目の当たりにしてきました。社内にいると、みんなであるチームのことを話しているのに出くわします。チームの各メンバーについて、長所は何々、短所は何々とみんなで言っているんです。男性のメンバーについて長所と短所を言い、別の男性メンバーについても長所と短所を言います。

Section 3

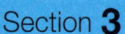

問題をオープンに話すことで正しい理解は得られる

Sheryl Sandberg:

If it's a senior team, they get to the one or two women and they say the same thing: "She's really good at her job, she's just not as well-liked by her peers." Or, "I think she's doing a good job but she's a little aggressive." ❶ And they say that with no understanding that this is the penalty women face, based on gender-specific stereotypes.

And so what I think is that if ❷ we actually need to talk about that at the company-level, 'cause I've seen in my own experience on places I've been, boards I sit on, the companies I work in, I talk about that ❸ really openly, and the next time there's a performance review the conversation changes, because they might still say, "Oh, she's not as liked," ❹ but they then have an appreciation for why that's happening.

senior: 幹部

peer: 同僚

gender-specific: ジェンダー固有の

performance review: 勤務評価

appreciation: 正しい理解

第5章 モチベーションを高めるスピーチ
シェリル・サンドバーグ vs リチャード・ブランソン

ここがスピーチの達人技！

❶ no understandingのnoを強調しています。チームのメンバーについて意見を述べる際、男性の場合にはジェンダーの影響を受けないが、女性の場合には仕事が優秀であっても好感度がそれほどではないとコメントされてしまう、しかも問題なのはこういう偏見からくる負担を女性が負わされているということが理解されていないと主張しています。主張を際立たせるために具体的な例を挙げて訴えかけるという手法はぜひ見習いたい点です。

❷ ジェンダーによる差別には企業レベルで話し合う必要があるという主張。ここまで例を挙げて聞き手の認識に土台を築いてきたからこそ、伝えたい主張が強く聞き手に届くわけですね。

❸ really openlyの後、音声をもちあげ同意を促す話し方をしています。

❹ さらに、このようなジェンダー別ステレオタイプが問題であるという認識を共有することで、なぜ今の状況に立ち至ったのか理解を促進することができ、そのためにオープンに話し合う必要があるとの主張が活きています。

【訳】

俎上に載せられているのが幹部クラスのチームの場合、1〜2人の女性メンバーに話が及ぶと、みんな口をそろえて言います。曰く、「仕事では実に優秀だが、同僚から好感をもたれていない」あるいは「仕事はできるが、やや強引なところがある」。彼らはこうした発言が、ジェンダー固有のステレオタイプによって女性たちに科せられているハンデであることに思いが至ることもなく口にしているわけです。

だからこそ、企業レベルでこの問題について話し合う必要があるのだと思います。私自身が経験してきたことですが、取締役会や、勤務した会社でこの問題をオープンに話すと、次に業績評価をするときには会話のトーンが変わって、相変わらず「彼女は好感をもたれていない」などと言いはするものの、少なくともなぜそのようなことになっているかは正しく理解しているわけです。

Section 4

未だに女性はふたつの仕事をかけもちしている

Sheryl Sandberg:

The other conversation we need to have in, in the corporation is the different pressures men and women feel at home. We've totally different expectations and totally different things that women do in the home. ❶ Women still have two jobs in the most developed countries throughout the world and men have two - men have one.

So, you know, think of a career as a marathon. We know more women graduate from college. So the men and the women, they get to the starting line, equally fit and trained. What happens? Gun goes off, men and women run. ❷ Everyone's cheering the men on: "You can do this. This is your life. This is your career." From the moment they leave school ❸ the messages for the women are different: "Are you sure you wanna run? Don't you want kids one day? Should you start this marathon knowing you're not gonna finish?" And as you get more senior those voices get louder: ❸ "Should you be working when you have kids at home?"

fit: 準備ができている
go off: 鳴る
cheer: 応援する

第5章 モチベーションを高めるスピーチ
シェリル・サンドバーグ vs リチャード・ブランソン

ここがスピーチの達人技！

❶ Women still have two jobsとmen have oneを対比させ、男性に比べて女性の立場が不利であるということを「ふたつの仕事を持っている」と表現しています。同じくらい優秀であっても、女性は男性の何倍も働かなければ認めてもらえないと言われますが、さらに家庭のことも通常は女性が受け持たされているということを指摘しています。簡潔かつ直接的に訴えが響きます。この文の前に、different をpressures、expectations、thingsに対して3回使っているのも効果的です。

❷ 男女のキャリアについてわかりやすくマラソンに例え、「がんばれ！」と声援を送られる男性と「本当に走りたいの？」とスタートの時点から応援されていない女性との対比を示しています。

❸ まさにジェンダーによる差別をダメ押しする「子どもが家にいるのに働くの？」というセリフです。女性が置かれている立場を示すのに効果的に使われています。このように直接話法を多用するのもサンドバーグの特徴です。実際にこのようなセリフが言われているという説得力を与えます。

【訳】

　企業内でもうひとつ話し合うべきなのは、男性と女性が家庭で感じるプレッシャーの違いです。女性は家庭では全く別のことを期待され、全く別の仕事をしなければなりません。世界の先進国の大半で、未だに女性はふたつの仕事を持っているのに対し、男性の仕事はひとつだけです。

　キャリアをマラソンにたとえて考えてみましょう。今では大卒の女性は増えています。したがって、男性も女性もスタート地点では準備の面でも訓練の面でも差はありません。それからどうなるでしょう？　号砲が鳴り、男性も女性も走り始めます。みんな男性のことは次のように応援します。「きみならできる。これはきみの人生だ。きみのキャリアだ」と。でも、大学を卒業した時点から、女性には違うメッセージが与えられます。「本当に走りたいの？　いつか子どもがほしいとは思わないの？　ゴールできないとわかっていてスタートする必要はあるの？」というように。年を取るにつれて、その声はさらに大きくなります。「子どもが家にいるのに働く必要はあるの？」と。

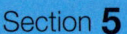

Section 5
女性はジェンダーによって型にはめられている

Sheryl Sandberg:

❶ We have to talk about this, and these are, this is a different kind of conversation. I've wrote a book. It's called *Lean In*. It's coming out in March. Others are working on this as well, but I think what's happened is that we wanted to be equal, all of us.

❷ I grew up never talking about a woman. I never spoke about being a woman in business until just a few years ago, because I was doing what everyone else was doing: ❸ earning it, you know, fitting in, not sticking out, but I think we are held back by these gender stereotypes and they're the kinds of things, they're the soft stuff that organizations don't talk about.

we have to talk about this: 声を上げることが必要と促している
lean in: 身を乗り出す、関与する
work on: 取り組む
as well: 同様に

earn: 獲得する、身につける
fit in: なじむ、適応する
stick out: 突出する、目立つ

soft stuff: つまらないこと、些細な問題

第5章 モチベーションを高めるスピーチ
シェリル・サンドバーグ vs リチャード・ブランソン

ここがスピーチの達人技！

❶ まず冒頭で、この問題について声を上げることが必要だと促しています。

❷ ここで聞き手の意表を突くのは、サンドバーグのように成功した女性が、つい最近まで自分が女性であるがゆえの苦労を語らずにここまできたということです。neverを2回繰り返していることで、それが印象付けられます。

❸ 目立ってはいけない、女性だからといって突出することを避けねばならない、会社組織ではこういう話はしないものだ、というのがジェンダーのステレオタイプとして女性に対して強い足かせとなっている、女性であるがゆえの問題は些細なものとされていると表現しています。

【訳】
　私たちはこの問題について話し合わなければなりません。これはまた別の種類の話し合いです。最近、私は本を書いたのですが、『リーン・イン』というタイトルで3月に出版されます。この問題に取り組んでいる方は他にもいらっしゃいますが、これまでのことを考えると、ようするに私たちはみんな平等になりたかったのです。

　私は女性の問題について語ることなく育ちました。ほんの数年前まで、働く女性であることについて話すこともありませんでした。というのも、それまでは他人と同じことをしていたからです――他人と同じことをするということを身につけ、適応し、目立たないようにしていました。こうしたジェンダーにまつわる固定概念によって私たちは型にはめられてしまっているのだと思います。そして、こういったことは組織の中では語られることのない類のものであり、些細な問題とされてしまうのです。

Richard Branson

Opportunity through Enterprise

リチャード・ブランソン
ヴァージン・グループ創設者・会長

1950年、ロンドン郊外生まれ。高校中退後、中古レコードの通信販売を皮切りに、70年にヴァージン・レコードを設立。84年にはヴァージン・アトランティック航空を設立し、斬新なサービスで成功を収める。

その後、携帯電話、映画館、鉄道、金融、宇宙旅行など次々と事業を拡大し、ヴァージン・グループを従業員数5万人以上、売上高2兆円以上の規模を誇る一大コングロマリットに成長させる。

イギリス経済への貢献により、2000年にはナイトの称号を授与された。社会貢献にも積極的に関わっている。

ヴァージン・グループ：
www.virgin.com

スピーチの背景

本スピーチは、イギリス連邦（the Commonwealth）の市民の生活向上のために活動するイギリス連邦協会（The Royal Commonwealth Society）が、毎年3月の第2月曜日にウェストミンスター寺院で開催するイギリス連邦サミット（Commonwealth Summit）において2013年に行われたもの。

ブランソンはイギリスの経済界で最も著名で人気のあるビジネスパーソンのひとりで、学生時代の成績はあまりよくなかったものの、人間関係の構築に秀でており、17歳でパブリックスクールを中退した際には、「将来は刑務所に入るか億万長者になるだろう」と校長が言ったというエピソードが残されています。いわゆるエリートコースを歩んできた経営者ではないだけに、そのサクセスストーリーは世界中の若者に希望を与え、起業家精神を刺激してきました。

起業家という人種について平易な言葉で語り、全体を通してポジティブなメッセージを送っている本スピーチでは、これまでの実績に裏付けられた経営哲学や起業家の心構えとともに、聞き手のモチベーションを高め、心に刺さる伝え方のスキルについても、じっくり学んでみましょう。

Royal Commonwealth Society:
www.thercs.org

Section 1

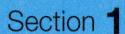

起業家とは、不可能な夢に対して「イエス」と言う人種

Sir Richard Branson:

❶ Entrepreneurs always look for opportunities to solve problems and dramatically improve people's lives. ❷ This insatiable curiosity leads entrepreneurs to search for gaps in the market to invest and create wonderful new services, products and jobs.

❸ Entrepreneurs invest in people and give them the freedom to create amazing things. ❹ Entrepreneurs are people who say yes to impossible dreams, and then enjoy trying to make those dreams happen. They are the kind of people who say, ❺ "The answer is yes, now what was the question?" I love that approach and hope many of you will leave here today imbued with that positive attitude.

---

entrepreneur: 起業家

insatiable: 飽くことのない
curiosity: 好奇心

freedom to create amazing things: すばらしいものを創り出す自由

imbue: 吹き込む、染み込ませる

※イギリスのスピーカーの場合、イギリス英語表記を採用しています。

第5章 モチベーションを高めるスピーチ

シェリル・サンドバーグ vs **リチャード・ブランソン**

ここがスピーチの達人技！

❶ 冒頭の1文からopportunity（機会）、solve（解決する）、improve（改善する）といった語がポジティブなイメージを与えるのに一役買っています。

❷ 起業家とはどういうタイプの人間かを説明するキーワード。スピーチでは、自分の主張をどういうキーワードに凝縮するかがひとつのポイントです。

❸ 起業家の投資対象はpeopleであり、彼らを自由に泳がすことですばらしいものが生まれるというブランソンの哲学が伝わってきます。straight to the point（率直に核心を突いた）な言い回しと言えるでしょう。

❹ Entrepreneurs（起業家）で始まる3つ目の文。3つとも似た内容ですが、角度を変えているのでしつこい感じがしません。X are people who...（Xとは…する人たちである）という言い回しも、スピーチで上手く使えば効果的です。

❺ ちょっとアプローチを変えてユーモアを盛り込んでいます。このように少しずつ言い回しに変化をつける手法は、重要なことを聞き手の頭の中にしっかりインプットしたいときに応用できますね。

【訳】
　起業家は問題を解決して人々の暮らしを飛躍的に向上させる機会を常に求めています。この飽くなき好奇心に導かれ、起業家は市場に投資すべき空白地帯を探し求め、すばらしい新サービスや新商品、新たな雇用を生み出すわけです。

　起業家は人に投資し、驚異的なものを創造する自由を彼らに与えます。起業家とは、実現不可能な夢に対して「できる」と言い、その夢の実現に挑戦することを楽しむ人種です。起業家とは、「答えはYesです。ところで質問は何でしたっけ？」と言うような人種なのです。私はそうしたやり方が大好きですし、みなさんが今日この会場を後にするとき、そういった前向きな姿勢が多くの方の身に染み込んでいることを願います。

Section 2

必要なのはすぐれたアイデアだ

Sir Richard Branson:

Having the will to say ❶ screw it, let's do it and make things happen is what sets entrepreneurs apart. ❷ It takes bravery to create a business, but people with enterprising spirit who seize chances when they come along will be the ones who drive the economy and make a difference in the future.

You don't need a business degree or vast experience to begin a business: ❸ you need a great idea. ❹ At school I started my first venture, *Student* Magazine, with just a handful of change, which I fed into a phone-box to convince advertisers to get our fledgling business off the ground. I left school to run that magazine and I've never looked back.

will: 意思
screw it: どうとでもなれ、しかたがない
set... apart: …を他と区別する
bravery: 勇気
enterprising sprit: 進取の気性
seize: つかむ

handful of... : ひと握りの…
feed into... : …に入れる
advertiser: 広告主
fledgling: 駆け出しの
get... off the ground: …を軌道に乗せる
never look back: ますます成功させる

第5章 モチベーションを高めるスピーチ

シェリル・サンドバーグ vs **リチャード・ブランソン**

ここがスピーチの達人技！

❶ 3つの会話調のポジティブなフレーズで、起業家の持つ大胆で思い切った発想や行動パターンをわかりやすく示しています。身近に感じさせるフレーズをはさむことは、聞き手との距離を縮め、相手を引き寄せる効果があります。また、3つの文章を声に出して読んでみるとリズミカルなことに気づきますが、こうした音声面の効果によってスピーチに力強さが加わります。

❷ bravery、create a business、enterprising spirit、seize chances、drive the economy、make a differenceと、ポジティブな印象を与える語句にあふれた1文です。

❸ ブランソンのフレーズには曇りのない表現が多いですが、これぞまさに"No Fog"と言える1文。心から確信しているからこそ、このように言えるのでしょう。スピーチで聞き手を動かすには、まず自分が確信していることを言葉にして伝えることが大切です。また、その前の文のYou don't need a business degree（経営学の学位はいらない）というところにブランソン氏の自負がうかがえます。

❹ 「スピーチの書き方」のところでも説明しましたが、パーソナルなストーリーほど説得力があるものはありません (p.24)。スピーチをするときは、体験談がないか考えてみましょう。

【訳】

「どうとでもなるさ、やってみようよ、実現させようよ」と言える意志を持っていることが、起業家と他の人たちとの違いです。起業するのは勇気のいることですが、チャンスが来たときにそれをつかみ取る進取の気性を持った人たちこそ、経済を引っ張り、未来に変化をもたらす人たちなのです。

起業するのに経営学の学位や豊富な経験など必要ありません。必要なのはすぐれたアイデアです。学生時代に私が手がけた最初のベンチャーは『スチューデント』という雑誌で、わずかな小銭を握りしめて電話ボックスに入っては、広告を出してくれそうな人たちに、始めたばかりのビジネスが軌道に乗るよう力を貸してほしいとお願いしました。その雑誌を続けていくために学校は辞めましたが、それ以来、これまでうまくやってきました。

Section 3

ビジネスには単なる利益を越えた目的がある

Sir Richard Branson:

❶ The Commonwealth has been the springboard for many Virgin companies to expand with flights, mobile services, health clubs and finance in Australia, Canada, South Africa and the Caribbean. ❷ It has helped us create a global brand from the family of Commonwealth countries. It has helped many companies.

❸ But business is about more than making money and planting flags. At Virgin we believe business must have a purpose beyond pure profit and our foundation, Virgin Unite, helps to ensure that every Virgin business has a focus on its people and our planet.

I spend a lot of time travelling the world visiting companies and meeting people who have new ideas to make business a force for good and help foster the next generation of entrepreneurs.

---

the Commonwealth: イギリス連邦
springboard: きっかけを与えるもの

plant flag: (自国の) 旗を立てる

a focus on its people and our planet: 人と地球を重視する

foster: 育成する

第5章 モチベーションを高めるスピーチ
シェリル・サンドバーグ vs **リチャード・ブランソン**

ここがスピーチの達人技！

❶ イギリス連邦協会のセレモニーにおけるスピーチなので、連邦諸国のことをさりげなく持ち上げています。セミナーなどでスピーチを行うときは、主催者やスポンサーについてひと言触れるのが礼儀とも言えますが、ヨイショし過ぎて白々しくならない程度にとどめておくさじ加減も必要です。

❷ このセクションではhelpという単語が4回使われており、それぞれが前向きでポジティブな印象を与える効果を上げています。

❸ ブランソンの経営哲学を明確に述べた1文です。現在、企業の社会的責任（CSR: Corporate Social Responsibility）が問われ、企業もさまざまな活動を行っています。しかし、この文からは、他の企業がやっているからやるという受け身の姿勢ではなく、本当にそうあるべきだという信念に基づいて積極的にコミットしている姿勢が伝わってきます。このように、スピーチで聞き手に自分の熱い気持ちを伝えるには、要所でダイレクトに切り込んでいくのが効果的です。

【訳】
　イギリス連邦は、オーストラリアやカナダ、南アフリカ、カリブ海諸国といった国々において、航空、携帯電話、フィットネスクラブ、金融の分野でヴァージン・グループの多くの企業が拡大するきっかけとなってきました。これまでイギリス連邦は、ヴァージンが連邦諸国の一員からグローバルなブランドとして世に出る手助けをしてくれました。多くの企業に力を貸してくれました。

　しかし、ビジネスにはお金もうけや国益以上に大切なものがあります。ヴァージンは、ビジネスには単なる利益を越えた目的があると確信しており、ヴァージン・ユナイト財団によって、あらゆるヴァージンのビジネスが人と地球を重視することを促進しています。

　私は多くの時間を費やして世界中をまわり、企業を訪問しては、ビジネスを通じて世の中をよくするような新しいアイデアを持ち、次世代の企業家育成を助けている人たちに会っています。

Section 4
イギリス連邦は機会を提供する道を開いてきた

Sir Richard Branson:

We have established Centres of Entrepreneurship in various Commonwealth cities, including Johannesburg and Jamaica to inspire budding young entrepreneurs, some of whom are actually here in the audience today. We provide mentorship, guidance and help them become the business leaders of tomorrow.

In the UK, we've helped young entrepreneurs start innovative businesses from scratch with the online support network Virgin Media Pioneers and the government-funded scheme Start-up loans.

❶ The Commonwealth is all about creating opportunities to spread good ideas across geographical barriers, nurturing talent and encouraging collaboration. It thrives through unity, but it also encourages dynamism and diversity.

❷ The Commonwealth has been the gateway to opportunity for us, and can be for every single young person and young entrepreneur in the audience today. ❸ Best of luck to you all in your endeavours. Thank you very much. (Applause)

---

budding: 気鋭の

mentorship: 指導、メンターシップ（メンター（mentor）と呼ばれる指導者との対話を通しての気づきと助言による指導）

from scratch: 何もないところから

government-funded: 政府出資の
scheme: 政策、計画
Start-up loans: 起業融資

geographical: 地理上の
nurture: はぐくむ、大事に育てる
thrive: 繁栄する
diversity: 多様性、ダイバーシティ

gateway: 入り口

endeavour: 努力

第5章 モチベーションを高めるスピーチ
シェリル・サンドバーグ vs **リチャード・ブランソン**

🎤 ここがスピーチの達人技！

❶ A is all about B は「AはつまるところBだ」「AはBにつきる」という意味のフレーズ。ポイントを絞って「つまり…だ、…に尽きる」と言いたいときにピッタリで、ビジネスでも応用できます。

❷ opportunityには前向きな響きがあり、ビジネス英語の学習書ではchanceではなくopportunityを使うことを薦めています。ここではさらに、その先に限りない可能性が拡がっているイメージを表すgatewayという単語が効果的に使われ、opportunityと相まって、文全体として非常にポジティブなトーンが出ています。単語の持つニュアンスはわかりにくいこともありますが、このように文例とともに覚えていくよう心がけましょう。

❸ スピーチをしめくくる定番のフレーズ。best of luck (to you) は「（あなたの）幸運を祈る」、in one's endeavorsは「…の努力に対して」で、「努力が実るように幸運を祈る＝幸運と活躍を祈る」になります。

【訳】

ヴァージンは、ヨハネスブルグやジャマイカといった連邦諸国のさまざまな都市に、若い起業家を支援するために起業センターを立ち上げています。今日この会場にもそうした若い気鋭の起業家が何人か聴衆として来ています。センターではメンターによる指導やガイダンスを提供し、明日のビジネスリーダーになるためのサポートを行っています。

一方、イギリスでは若い起業家が革新的なビジネスをゼロから立ち上げるのを、ヴァージン・メディア・パイオニアというオンラインの支援ネットワークと、政府出資のプログラムであるスタートアップ・ローンによって支援しています。

つまるところ、イギリス連邦とは、すぐれたアイデアを地理的な障壁を越えて広める機会を創出し、才能をはぐくみ、コラボレーションを促進する場であるということに尽きます。また、結束によって繁栄する一方、ダイナミズムや多様性を促す場でもあります。

イギリス連邦は機会を提供する道を開いてきました。そして、今日聴衆の中にいらっしゃる若い方や若き起業家のみなさん一人ひとりにとって開かれた道となりうるものです。みなさんの幸運とご活躍を祈ります。ご清聴ありがとうございました。

第5章のまとめ
ポジティブなメッセージを発信する

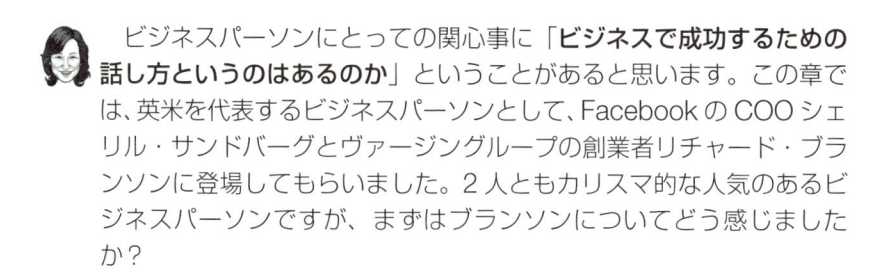

ビジネスパーソンにとっての関心事に「**ビジネスで成功するための話し方というのはあるのか**」ということがあると思います。この章では、英米を代表するビジネスパーソンとして、FacebookのCOOシェリル・サンドバーグとヴァージングループの創業者リチャード・ブランソンに登場してもらいました。2人ともカリスマ的な人気のあるビジネスパーソンですが、まずはブランソンについてどう感じましたか？

ブランソンは起業家としてさまざまなアイデアを出し、新しい発想で今までにないビジネスをつくってきたというところが多くの人の尊敬を集めています。本書で取り上げたスピーチでも「**起業家の魂は好奇心**」と表していて、いつまでも子どものような好奇心を忘れない彼らしいコメントだと思いましたね。

Entrepreneurs are people who say yes to impossible dreams, and then enjoy trying to make those dreams happen.（起業家とは、実現不可能な夢に対して「できる」と言い、その夢の実現に挑戦することを楽しむ人種です）という発言は、やはりさすが起業家というかイノベーターらしくて私も感心しました。それから、screw it, let's do it and make things happen（どうとでもなるさ、やってみようよ、実現させようよ）という表現も個人的には気に入っています。ともすれば世間は成功したところしかみようとしませんが、そもそもscrew it という精神が実は大事なんですよね。その精神がなければイノベーションも成功もないわけですから。

スピーチもそうかもしれませんが、ひとつの成功の裏にはたくさんの失敗があるわけで、誰だって一回で上達はしないし、一回のトライで成功するというわけにもいきません。いくつになっても好奇心を失わずに**トライし続ける、チャレンジし続ける**ことの大切さを体現しているブランソンだからこその発言が随所に感じられるスピーチと言えるでしょう。

第5章　モチベーションを高めるスピーチ

　一方のシェリル・サンドバーグですが、アメリカでも女性が活躍するためには実に多くの障害があって、しかも彼女のようなポジションにいる人物でさえ、女性の立場について述べるには勇気が必要だったというのですから驚きですね。

　比較的こういうことには進んでいると思われているアメリカにすら、女性の社会進出を妨げるような"glass ceiling"（目に見えない障害）と呼ばれるものがあるわけですが、それをひとつひとつ破っていく行動力が彼女のスピーチには感じられます。彼女のスピーチを聞いていると、説得力を持たせるには、話し方のテクニックもさることながら、自分の経験や自分で行動したという **"lead by example"** の姿勢が大切なのではないかと思わされますね。

　その点ではブランソンと共通しているかもしれませんね。自分の行動でイノベーションを起こし、世界を変えていくビジネスパーソンのパワーがポジティブなメッセージとしてスピーチにあふれています。

　そうですね。それから、サンドバーグが、女性は往々にして周囲の人が期待していること以上はあまり言わないようにしてきたけれども、そういう壁を破っていかねばならない、一緒に破っていくために話し合いを始めねばならないと言っているところも印象的です。既成概念を打ち破るというか、そのことに生きがいを感じている部分があります。

　ジェンダーに関するステレオタイプの一例として、Tシャツにプリントされた言葉を挙げていましたが、あれもうまいですね。ジェンダーという難しい問題を身近なものを例にとって語り、しかもそれが過去の話ではなく現在のことであるとして、いかにジェンダーにまつわるステレオタイプが日常の風景として根付いているかを鮮やかに示していました。

　これまで見てきたスピーチの達人もそうでしたが、そういった**うまい例の挙げ方**は見習いたいところですね。それに加えて、この章の2人のように行動を起こしていけば、世の中は変えられると信じられるような**ポジティブなメッセージを発する**ことができれば、スピーチ力もアップすることまちがいなしでしょう。

コラム

「通訳メモ」について

　通訳者になって数十年、通訳教育に携わるようになってからも長い時間が経ちましたが、よく受ける質問が「どのようにメモを取ったらよいのか」というものです。
　ポイントは「どのように情報処理を行うのか」ということです。私はよく「重要なところが重要に聞こえるように」「自分で話しているかのように話してください」とアドバイスするのですが、これを聞き手の側から考えてみれば、一般的にスピーチを聞いてメモを取る場合にも活用できることかもしれません。
　通訳のエッセンスは内容を理解して的確に表現すること。適度に区切りながらその都度訳していく逐次通訳においては、メモを取るときにたくさん書きすぎると何が肝心かわからなくなり、伝えるべきポイントがしっかりと頭に残りません。
　逐次通訳をする場合、通訳者は「いちばん熱心な聞き手」でなくてはなりません。また、最初にスピーチを聞く「聞き手」であると同時に、それを伝える「話し手」でもあります。ですので、逐次通訳の練習をするとき、同僚のイギリス人教師は学生たちにまずスピーチの素材にしたい新聞記事などを選ばせて、それを口語表現に直す oralization という作業をさせてから、授業には「通訳メモ」のようにアウトラインとキーワードを抜書きしたかたちに作成したものを持ってこさせて、それをもとにスピーチをさせています。つまり、いったん通訳者が情報処理したかたちのものを体験させて、それをもとにスピーチをさせることで、「通訳メモ」を作ることも体験させています。
　通訳者は優れたスピーカーでなくてはなりません。聞き手の立場を考えて話さなければなりません。通訳の練習では、「内容を正確に伝える」「メッセージを伝える」ということを再三強調して、「情報量と正確性」がいちばん大事であると教えますが、それと同時に、「伝わる」ためには聞き手の立場を考えなくてはなりません。その上で、聞いてくださる方が「通訳を聞いているように思わなかった」と言ってくださったらしめたもの。的確なコミュニケーションを行うという通訳者の役目は十分に果たしていると言えるでしょう。

Caroline Kennedy
キャロライン・ケネディ

Queen Elizabeth II
エリザベス女王

第6章
責任と共感を示すスピーチ

Caroline Kennedy

Remarks at Confirmation Hearing to be Ambassador to Japan

キャロライン・ケネディ
駐日アメリカ大使

　1957年、ジョン・F・ケネディの長女としてニューヨーク州に生まれる。ラドクリフ（現ハーバード）大学卒業後、コロンビア大学ロースクールで弁護士資格を取得。作家、編集者としても活動するほか、教育活動にも力を入れ、数々の非営利組織や財団などの理事を務める。
　2008年の大統領選挙でバラク・オバマ支持を表明。13年、女性初となる第29代駐日アメリカ大使に就任。
　メトロポリタン美術館勤務時に知り合ったデザイナーの夫との間に3人の子どもがいる。

スピーチの背景

　オバマ大統領によって駐日アメリカ大使に指名されたことを受け、2013年9月にアメリカ上院外交委員会の公聴会で証言したもの。この証言は正式に大使に就任するためのいわば人事上の手続きで、いわゆる所信表明演説にあたり、全会一致で承認されたことによって女性初の駐日大使誕生と相成りました。

　キャロライン・ケネディは、王室のないアメリカにおいて「王朝」とも称されるケネディ家の出身ということもあり、幼い頃から大きな注目を集めてきました。99年に弟のジョン・F・ケネディJr.が飛行機事故で亡くなってからは、不慮の死を遂げた父や叔父ロバート・ケネディの遺志を引き継いで政界入りするかどうかが取りざたされてきました。

　2008年の大統領選挙では、民主党の大統領候補者指名争いでバラク・オバマとヒラリー・クリントンが歴史的な激戦を繰り広げる中、キャロラインはオバマ支持を表明。民主党の中で「ケネディ」の名は特別な重みを持っており、彼女のオバマ支持表明により選挙戦の流れは大きく変わったと言われています。オバマ本人も何度も感謝の言葉を述べており、政治や外交の未経験者であるキャロラインを駐日大使に指名したのも、大統領選挙の際の貢献に対する報奨という一面もあるとみられています。

　ここで取り上げたスピーチは、自分がケネディ一族の一員であるということをはっきりと示し、そうした環境で育つ中でどのような政治観、人生観を持つに至ったかを前面に押し出す内容となっています。appreciation（感謝）の気持ちを言葉に託す点や、決意の表明の仕方などを参考にしましょう。

Section 1

駐日大使の指名を受け光栄に思う

Caroline Kennedy:

Mr. Chairman, Ranking Member Corker, Members of the Committee, Senator Schumer, Senator Gillibrand:

It's an honor to appear before you this morning as the President's nominee to serve as the United States Ambassador to Japan. ❶ I appreciate the confidence that President Obama and Secretary Kerry have shown in nominating me for this important position, and I am grateful for the consideration of this distinguished Committee.

❷ I would also like to thank my family for their support throughout this process, and their enthusiasm for this mission. My husband Ed is here along with two of my three children, my daughter Tatiana and my son Jack. And I'm so pleased that my aunt Vicki could be here this morning as well. ❸ She carries with her every day the spirit of my uncle Teddy whose devotion to this institution, to his colleagues and our country, was an inspiration to all of us.

Ranking Member: 筆頭委員 (ranking: 上級の、幹部の)

President's nominee: 大統領による指名

appreciate: 感謝する

be grateful for...: …に感謝する
consideration: 考慮、検討、判断
distinguished: 名高い、著名な

enthusiasm: 熱意

as well: 同様に
uncle Teddy: ジョン・F・ケネディの弟であり上院議員を務めた故エドワード・ケネディ (1932-2009) のこと
devotion: 献身
institution: 機関、施設。ここでは上院を指す

第6章 責任と共感を示すスピーチ
キャロライン・ケネディ vs エリザベス女王

ここがスピーチの達人技！

❶ まず冒頭で大統領と国務長官にお礼を述べ、委員会が自らの指名を検討することについて感謝しています。スピーチでは、最初に自分が何の目的でスピーチをするのかをはっきり示すことが大事なポイントとなります。それがしっかりできていると全体にわたって好印象を与えることにつながります。

❷ ケネディ一族であることをアピールしています。このようにスピーチにあたり自分の立場をはっきりと印象づけるのが大事です。

❸ ケネディ一族の中で最近まで政治家、上院議員であり続けた叔父エドワード（テディ）・ケネディの未亡人を引き合いに出すことで、自分がケネディ一族の末裔であり、大使に就任する正当性があると印象付ける仕上げをしています。

【訳】

（メネンデス）委員長、コーカー筆頭委員、ならびに委員のみなさま、シューマー上院議員、ジリブランド上院議員。

大統領から駐日大使の指名を受けた者として、今朝みなさまにお会いできることを光栄に思います。この要職に指名していただくにあたり、オバマ大統領ならびにケリー国務長官がお寄せくださった信頼にお礼申し上げるとともに、栄誉あるこの外交委員会が私に対する指名をご検討くださることを感謝いたします。

また、今回の大使指名に関する私の家族の一貫した支援と、任務に対する熱意にも感謝します。夫のエドとともに、3人の子どものうち娘のタチアナと息子のジャックがここに同席しております。叔母のヴィッキー（故エドワード・ケネディ上院議員夫人）もこの場に出席してくれていることがとりわけうれしく感じられます。叔母は毎日、叔父テディの精神を引き継いでおります。上院、同僚であった上院議員のみなさん、そして国家に献身的に尽くした叔父テディの姿から、私たちはみな刺激を受けてきました。

Section 2

日本以上に大使を務めたい国はない

Caroline Kennedy:

And finally, this appointment has a special significance as we commemorate the fiftieth anniversary of my father's Presidency. ❶ I'm conscious of my responsibility to uphold the ideals that he represented: a deep commitment to public service, a more just America and a more peaceful world.

As a World War II veteran who served in the Pacific, he had hoped to be the first sitting President to make a state visit to Japan. ❷ If confirmed as Ambassador, I would be humbled to carry forward his legacy in a small way and represent the powerful bonds that unite our two democratic societies.

❸ I can think of no country in which I would rather serve than Japan. I first visited in 1978 with my Uncle, Senator Kennedy, and was deeply affected by our visit to Hiroshima.

---

appointment: 指名
significance: 重要性
commemorate: 記念する、追悼する
Presidency: 大統領職

uphold: 支える、守る
ideal: 理想
represent: 表す、表現する
public service: 公務

veteran: 退役軍人
sitting: 現職の
state visit: 公式訪問
confirm: 承認する
be humbled: 恐縮する
carry forward: 進展させる、進める

affect:（心に）影響を与える

第6章 責任と共感を示すスピーチ
キャロライン・ケネディ vs エリザベス女王

ここがスピーチの達人技！

❶ I am conscious of my responsibility to...（…する責任があると自覚している）は応用の利く言い回しです。

❷ 簡素で単純ながらも決意表明がきっぱりとなされていて好感を与えます。If confirmed as..., I would be humbled to...（もし…に承認されたあかつきには、謹んで…）はビジネスのスピーチでも使えそうな応用の利く言い回し。I would be humbled to carry forward（謙虚な気持ちで取り組みます）も同様です。

❸ 日本以上に大使として赴任したい国はないと強く言い切ることで決意を示し、承認する側の委員会に強く印象を与えています。また、続けて自分と日本との関わりを具体的なエピソードを挙げて語ることで、パーソナルなストーリーが効果を発揮しています。

【訳】
　最後に、今年は父が大統領の職にあったときから50年目にあたるため、この指名は特別に重要な意味を持っています。私には父が体現した理想を守っていく責任があると自覚しております。その理想とは、公務に専心し、より公平なアメリカの、ひいてはより平和な世界の実現に献身的に取り組むことです。

　第二次大戦中に太平洋戦線で兵役に就いた後に退役した父は、現職大統領として初めて日本へ公式訪問することを望んでおりました。私が大使として承認されたあかつきには、父の遺志をささやかながら受け継ぎ、ふたつの民主主義国家を結びつける強い絆を代表することを謹んでお受けする所存であります。

　日本以上に私が大使を務めたい国は他にありません。1978年に叔父の（エドワード・）ケネディ上院議員とともに初めて日本を訪れ、広島を訪問した際には深く心を動かされました。

Section 3
日米のパートナーシップの影響は全世界に及ぶ

Caroline Kennedy:

❶ Our countries are bound by deep political, economic, cultural and strategic ties, and our partnership has a global reach. The United States and Japan share a commitment to freedom, human rights, and the rule of law. ❷ Japan is the world's third largest economy, our fourth largest trading partner, and the second largest source of foreign direct investment in the United States.

Japan is home to 50,000 U.S. troops, the 7th Fleet, and 170,000 American citizens. ❸ As the United States rebalances toward Asia, our alliance with Japan remains the cornerstone of peace, stability, and prosperity in the region, as it has been for more than 50 years. If confirmed, I will work closely with the leadership in the U.S. military to further strengthen our bilateral security relationship.

bound: bind（縛る、結び付ける）の過去分詞

reach: 力の及ぶ領域

foreign direct investment: 対外直接投資

troops: 部隊、軍隊
the 7th Fleet: 第七艦隊

rebalance: 再びバランスを取る
alliance: 同盟
cornerstone: 土台、礎
prosperity: 繁栄

bilateral: 二国間の

第6章 責任と共感を示すスピーチ

キャロライン・ケネディ vs エリザベス女王

ここがスピーチの達人技！

❶ アメリカと日本の間には強い絆（bond）があるということを印象付けています。大使として二国間の架け橋になるという気持ちの表明と言えるでしょう。大使就任後、日本における最初のスピーチでも、We are bound by a common history and common values.（日米は共通の歴史と価値で結ばれている）という言い方をしています。

❷ the world's third largest、our fourth largest、the second largestと実際のデータを数字で示すことによって、アメリカと日本との結びつきが具体的にイメージしやすくなっています。続く文でも具体的な数字を挙げることで、アメリカにとって日本がどのような国であるかがイメージしやすくなっています。

❸ 「再びバランスを取る＝軸足を移す」というニュアンスを持つrebalanceという語がキーワードとして使われています。また、as it has been for more than 50 years（50年以上もそうであったように）という言い回しが、この地域で日本が同盟国としていかに重要であるかということを際立たせるのに効いています。

【訳】

　日米両国は、政治的、経済的、文化的、戦略的な絆で深く結びついており、日米のパートナーシップの影響は全世界に及びます。両国は自由、人権、法の支配を守る決意を共有しています。日本は世界第3位の経済大国であり、アメリカの貿易相手国としては第4位、対米直接投資では世界第2位の国です。

　日本には5万人のアメリカ軍兵士が駐留しており、アメリカ第七艦隊の基地があり、17万人のアメリカ国民が暮らしています。アメリカがアジアに対して軸足を移動させる政策を進める中、日米同盟は過去50年以上にわたりそうであったように、今も変わらず地域の平和、安定、繁栄の礎となっております。大使として承認されたならば、両国間の安全保障のさらなる関係強化に向けて、アメリカ軍指導部と緊密に協力していきます。

Section 4

日本との絆をさらに深めたい

Caroline Kennedy:

At the same time, Japan is an indispensable partner in promoting democracy and economic development in the region, as well as in global humanitarian efforts and peacekeeping. These are areas I care deeply about, and, if confirmed, I will work to further strengthen this critical partnership at a vital moment in its history.

Finally, if confirmed, ❶I will meet my most fundamental responsibility: to promote and protect the welfare of all American citizens in Japan. This includes providing a safe and secure environment for U.S. government employees and their families.

I especially look forward to benefitting from the support of the talented Foreign Service professionals, both American and locally engaged staff, at our Mission in Japan.

I would like to thank this Committee for your consideration of my nomination. ❷If confirmed, I look forward to working closely with you to advance our national interest, protect our citizens, and deepen our ties with Japan. Thank you.

---

indispensable: 不可欠の

humanitarian: 人道（主義）的な

vital: 重要な、命に関わる

fundamental: 基本的な、根本的な
welfare: 福祉

the Foreign Service:（米国務省の）外務局員

national interest: 国益

第6章 責任と共感を示すスピーチ
キャロライン・ケネディ vs エリザベス女王

ここがスピーチの達人技！

❶ 最後に大使としての最も基本的な職務について言及しています。このスピーチは大使としての指名承認を得るための証言ですので、締めくくりとしてこの大事な点をおさえておくことは必要不可欠です。

❷ さらに委員会へのアピールの言葉を続けています。スピーチを始めるときと締めくくるときは、聞き手への配慮を意識するとメッセージにブレがなくなります。

なお、このセクションを含め、スピーチの性質上、If confirmed, I will...（承認されたあかつきには…）といった言い回しが多用されていますが、応用可能なフレーズですので自分のものにしてみましょう。

【訳】
　同時に、日本はアジア地域の民主主義と経済発展の促進、および世界の人道支援活動と平和維持でのかけがえのないパートナーでもあります。これらは私が深い関心を寄せている分野であり、承認されたならば、日米の協力関係の歴史の中でも非常に重要なこの時期において、きわめて重要なこの協力関係をさらに強化することに尽力いたします。

　最後に、承認されたならば、私に課せられる最も基本的な責任を全ういたします。すなわち、日本にいるすべてのアメリカ国民の福祉を向上させ、保護いたします。これにつきましては、アメリカ政府職員とその家族に、安全で安心できる環境を提供することも含まれます。

　私は、日本で外交にかかわるアメリカおよび現地の優秀なる外交の専門職員からサポートを享受できるものと特に期待しております。

　私の指名を検討していただくことを外交委員会に感謝いたします。承認されたならば、外交委員会と緊密に協力しながら、アメリカの国益を推進し、アメリカ国民を守り、日本との絆を深めていきたいと思います。ありがとうございました。

Queen Elizabeth II

The Queen's Address to Parliament

女王エリザベス2世陛下
イギリス女王

1926年、ロンドンのメイフェアにヨーク公アルバート王子（後のジョージ6世）とエリザベス王妃の長女として誕生する。実名エリザベス・アレクサンドラ・メアリー。

47年、エジンバラ公フィリップと結婚。長男チャールズ（現皇太子）を含め3男1女をもうける。52年、女王エリザベス2世に即位。以来、在位期間は60年以上にわたると同時に、イギリス史上最高齢の君主となっている。

エリザベス女王のスピーチはgrace（上品）、wisdom（英知）、humor（ユーモア）の三拍子がそろっていると言われる。ちなみに、彼女の父ジョージ6世はアカデミー作品賞を受賞した映画『英国王のスピーチ』の主人公。

厳密には、イギリス（グレートブリテンおよび北アイルランド連合王国）、カナダ、オーストラリアなどイギリス連邦王国16カ国の君主であり、および54の加盟国から成るイギリス連邦（the Commonwealth）、その他の属領の元首である。

スピーチの背景

2012年、女王即位60周年に際し、議会（Houses of Parliament）にて国会議員を前に行ったスピーチ。

エリザベス女王は、イギリス国民およびイギリス連邦市民から敬愛される国王として即位60周年を迎えましたが、常に人気が高かったわけではなく、紆余曲折を経て現在に至ったと言う方が正しいでしょう。特に、1996年にダイアナ元皇太子妃が交通事故でなくなった際には、映画『クィーン』でも描かれていたように、すぐに哀悼の意を表しなかったことで「冷たい」というレッテルが貼られ、王制廃止論を要求する声まで上がるようになりました。しかし、国民を信じ、同時に信頼される王室でなければならないとする信念を持ち続け、崇高で毅然とした態度を保ちながら、自分の行動によって再び国民から信頼を勝ち取っていきました。

イギリス王室と議会は、たがいを監視・牽制をし合いながら、協力と対立を繰り返してきた歴史があります。議会はもともと封建領主の集まりであり、王が貴族に土地などを与えるのと引き換えに、貴族が軍事力を提供する相互依存関係にありました。また、ヴィクトリア女王（在位:1837-1901）が"The Kingdom reigns, but does not govern."（国王は君臨すれども統治せず）という、政治を議会に委ねる決定をして以来、王はあくまでも国家の象徴であり、政治には口出ししないのが慣習となっています。とはいえ、国家君主は国王であり、国王が任命した首相を長とする議会は、国王の監視下にあると言えるでしょう。

本スピーチは、イギリス史において議会が果たしてきた役割に触れながら、女王の個人的な想い出を語る展開となっています。「イギリス戦後史の生き証人」とも言える女王の品格とユーモアあふれるスピーチを通し、「感謝」（appreciation）の気持ちを言葉に託し、責任を示す姿勢に接してみましょう。

Section 1

イギリスの議会は国民の生活を守ってきた

Queen Elizabeth II:

My Lords and Members of the House of Commons, ❶ I am most grateful for your Loyal Addresses and the generous words of the Lord Speaker and Mr Speaker.

This great institution has been at the heart of the country and the lives of our people throughout its history. As Parliamentarians, you share with your forebears a fundamental role in the laws and decisions of your own age.

Parliament has survived as an unshakeable cornerstone of our constitution and our way of life. ❷ History links monarchs and Parliament, a connecting thread from one period to the next.

❸ So, in an era when the regular, worthy rhythm of life is less eye-catching than doing something extraordinary, I am reassured that I am merely the second Sovereign to celebrate a Diamond Jubilee. (Laughter)

As today, ❹ it was my privilege to address you during my Silver and Golden Jubilees. Many of you were present ten years ago and some of you will recall the occasion in 1977.

Lords: 貴族院議員。House of Lords（貴族院）のメンバー
House of Commons: 庶民院
Loyal Address: 女王に対し忠誠を誓う儀式。即位60周年では、大学・団体など27の機関が女王に対する忠誠を誓った
generous: 寛大な、（賛辞に対して）過分な
Lord Speaker: 貴族院議長
Mr Speaker: 庶民院議長

Parliamentarian:（イギリスの）国会議員
forebears: 先祖

cornerstone: 基礎、基盤
constitution: 憲法、社会組織
monarch: 君主

eye-catching: 目を引く

Sovereign: 国家元首
Diamond Jubilee: 60周年祝典（jubilee: 〜周年記念祝典）

※イギリスのスピーカーの場合、イギリス英語表記を採用しています。

第6章　責任と共感を示すスピーチ

キャロライン・ケネディ vs **エリザベス女王**

ここがスピーチの達人技！

❶ I am grateful for... は「…に対して感謝する」と感謝の意を示す定番表現。ビジネスでも、I am grateful for your enthusiasm to this project.（本プロジェクトに対する熱意に感謝いたします）のように使うことができます。

❷ 対立・協力関係のはざまで常に揺れ動いてきたイギリス史における王室と議会の関係を、connecting threadという1語でうまく表現しています。それに加え、from one period to the nextという言葉で、おたがいがけん制し合い、バランスを保ちながらイギリス史を形成してきたというニュアンスを込めています。

❸ 即位60周年を祝うイギリスの君主は2人目という目立つネタなのでホッとしているという軽いユーモアを盛り込んでいます。

❹ It is my privilege to... は「…するのは光栄だ」というスピーチの際の決まり文句です。ビジネスでも、It is my privilege to be given an opportunity to speak to you today.（本日はみなさまにお話する機会を得て光栄です）のように使います。似た表現に、It is a great honour to...（…するのは非常に名誉なことだ）があります。

【訳】
　貴族院、庶民院のみなさん、忠誠の誓いと両院議長からの過分な言葉に対し感謝申し上げます。

　長い歴史を通じて、このイギリス議会という偉大な機関は、国の中核を担い、国民の生活を守ってきました。議員としてみなさんは先祖とともに、自らが生きる時代の法律や決定に大きな役割を果たしています。

　議会は国の憲法と国民生活の揺るぎない基盤として存続してきました。歴史は、ある時代と次の時代を結ぶ糸のように、君主と議会を結びつけています。

　だからこそ、いつもと変わらぬ価値ある日常よりも、何か特別なことをしなくては人目を引かない時代にあって、私が即位60周年を祝う2人目の君主であることに安堵しています（笑）。

　今ふり返ってみて、即位25周年、50周年のときにみなさんにお話できたことを光栄に思います。みなさんの多くは10年前に参列されていたでしょうし、1977年のことを覚えておいでの方もいらっしゃることでしょう。

Section 2

女王としての公務にあたり家族のサポートは計り知れない

Queen Elizabeth II:
Since my Accession, I have been a regular visitor to the Palace of Westminster and, at the last count, ❶have had the pleasurable duty of treating with twelve Prime Ministers. (Applause)

Over such a period, one can observe that ❷the experience of venerable old age can be a mighty guide but not a prerequisite for success in public office. I am therefore very pleased to be addressing many younger Parliamentarians and also those bringing such a wide range of background and experience to your vital, national work.

During these years as your Queen, ❸the support of my family has, across the generations, been beyond measure. ❹Prince Philip is, I believe, well-known for declining compliments of any kind. (Laughter) But throughout he has been a constant strength and guide.

He and I are very proud and grateful that the Prince of Wales and other members of our family are travelling on my behalf in this Diamond Jubilee year to visit all the Commonwealth Realms and a number of other Commonwealth countries.

Accession: 即位
Palace of Westminster: ウェストミンスター宮殿。イギリス議会が開催される

venerable: 尊敬に値する
prerequisite: 必要条件

vital: 重要な

on my behalf: 私の代わりに
Commonwealth Realms: イギリス連邦王国。カナダ、オーストラリア、ニュージーランド等を含む16カ国を指す
other Commonwealth countries: 他の連邦国。ここでは、Commonwealth of Nations（イギリス連邦：イギリスと旧イギリス領植民地から独立した国々を含む53カ国によって構成されるゆるやかな国家連合体）のうち、Commonwealth Realmsを除く残りの国を指す

第6章　責任と共感を示すスピーチ

キャロライン・ケネディ vs **エリザベス女王**

ここがスピーチの達人技！

❶ many Prime Ministersではなくtwelve Prime Ministersと具体的な数字を挙げています。ビジネスでも、説得力を持たせるためには具体的な数字が欠かせません。ただし、数字の列挙ではなく、どの場面でどのような数字を示すと効果的かを考えることが大切です。

❷ 前段で「12人もの首相を見てきた」と述べることで自分が高齢であることに触れつつ、「年齢だけでは公職における成功を保証できない」と、いくぶん自虐的にイギリス人らしいユーモアを込めています。

❸ 家族のサポートに対する感謝を、beyond measureという語句を使って「感謝しきれない、言葉に言い表せない」と非常にストレートに表しています。仕事やプライベートでお礼を言う場面はたくさんあるので、いくつかパターンを決めておくと便利です。たとえば、この表現を使って、The support of my staff has been beyond measure.とすれば、送別の辞としてすぐ応用できますね。

❹ 「夫はいかなる賛辞も受け入れないことで知られているが」と言って笑いを取っています。スピーチにこうしたユーモアを盛り込むと、会場の緊張がほぐれ、暖かい雰囲気が醸成される効果があります。

【訳】
　即位以来、議会にはよく足を運びました。あらためて数えてみると、これまで12人の首相と楽しく仕事をしてきたことになります（拍手）。

　その間に見てきたことで感じたのは、尊敬できる年配者の経験は強力な先導役となるかもしれませんが、公務において成功する必要条件ではないということです。その意味で、多くの若手議員のみなさん、そして幅広い背景と経験を国家の重要な責務に活かそうとする方たちに対して、こうしてお話ができるということはうれしいかぎりです。

　女王としてのこれまでの公務にあたり、家族のサポートは世代を超えて計り知れないものがありました。夫のフィリップはどんな賛辞も受け入れないことで有名だと思います（笑）。しかし、一貫して夫は力と指針を与え続けてくれました。

　プリンス・オブ・ウェールズ（チャールズ皇太子）ならびに他の王室のメンバーが、この即位60周年にあたり、すべてのイギリス連邦王国といくつかのイギリス連邦の国々を私に代わって訪問してくれたことを、フィリップともども非常に誇りに思うと同時に感謝しています。

Section 3

即位60周年によって国民が一体となることを望む

Queen Elizabeth II:

❶ These overseas tours are a reminder of our close affinity with the Commonwealth, encompassing about one-third of the world's population. My own association with the Commonwealth has taught me that the most important contact between nations is usually contact between its peoples. An organisation dedicated to certain values, the Commonwealth has flourished and grown by successfully promoting and protecting that contact.

At home, Prince Philip and I will be visiting towns and cities up and down the land. ❷ It is my sincere hope that the Diamond Jubilee will be an opportunity for people to come together in a spirit of neighbourliness and celebration of their own communities.

We also hope to celebrate the professional and voluntary service given by millions of people across the country who are working for the public good. ❸ They are a source of vital support to the welfare and wellbeing of others, often unseen or overlooked.

---

reminder: 思い出させるもの
affinity: 密接な関係
encompass: 取り巻く、囲む

association: つながり

flourish: 繁盛する、繁栄する

Prince Philip: エジンバラ公フィリップ

neighbourliness: 隣人に対して好意的で役に立つ傾向

for the public good: 他の人のために、世間のために

wellbeing: 健康

第6章 責任と共感を示すスピーチ

キャロライン・ケネディ vs **エリザベス女王**

ここがスピーチの達人技！

❶ ビジネスでreminderというと、会議や会食の当日に"This is just a reminder..."と送られてくる確認メールをイメージしますが、このように過去を振り返る際の言葉としても使用できます。

❷ It is... that... という、いわゆる「強調構文」。I hope that... というよりも「心の底から思う」という気持ちが表現できます。また、「即位60周年を祝うことが主目的ではなく、コミュニティが一体となるきっかけとなれば」という女王の控えめな気持ちが表れた1文でもあります。

❸ イギリスではボランティア活動が盛んで無数の活動が行われていますが、日の当たらない仕事が大半です。女王はこうした「縁の下の力持ち」を意識しながら、奉仕の重要性に言及し、appreciation（感謝）を示しています。会社でも、部下のやる気を起こさせるキーワードはrecognition（認めること）とappreciationと言われます。

【訳】
　外国へのこうした訪問は、世界の人口の約3分の1を占めるイギリス連邦と私たちとの密接な関係を思い起こさせてくれます。私自身のイギリス連邦への関わりから学んだことといえば、国家間の最も重要な接点は、たいていの場合、その国民同士の触れ合いだということです。特定の価値を共有するための機関であるイギリス連邦は、その触れ合いを深め、守ることに成功したおかげで繁栄し、発展してきました。

　国内では、フィリップと私がこれから各地の市町村を訪れることになっています。即位60周年が、隣人を助け合い、自分たちのコミュニティを祝う精神のもとで、国民が一体となるきっかけとなることを切望します。

　また全国で公共の利益のために働く何百万ものひとによるプロフェッショナルな奉仕活動のことも祝福したいと思います。こうした奉仕は、他の人のための福祉や健康にとって重要なサポートの源となっていますが、往々にして気付かれなかったり、見過ごされたりするものです。

Section 4

今後もこの偉大な国と国民に奉仕することに情熱を傾ける

Queen Elizabeth II:

And as we reflect upon public service, ❶ let us again be mindful of the remarkable sacrifice and courage of our Armed Forces. Much may indeed have changed these past sixty years but the valour of those who risk their lives for the defence and freedom of us all remains undimmed.

❷ The happy relationship I have enjoyed with Parliament has extended well beyond the more than three and a half thousand Bills I have signed into law. (Laughter) I am therefore very touched by the magnificent gift before me, generously subscribed by many of you. Should this beautiful window cause just a little extra colour to shine down upon this ancient place, I should gladly settle for that.

❸ We are reminded here of our past, of the continuity of our national story and ❹ the virtues of resilience, ingenuity and tolerance which created it. I have been privileged to witness some of that history and, with the support of my family, rededicate myself to the service of our great country and its people now and in the years to come. (Applause)

---

reflect upon...: …をよく考える
be mindful of...: …を心に留める
Armed Forces: イギリス軍

valour: 勇気、武勇

undimmed: 明るいままである。ここでは、転じて決してその重要性が薄まることはない、この力は重要なままであるというのを、光に例えて語っている（dimmed: 薄暗くする）
Bill: 法案

subscribe: 募集する。ここでは、募金を集めるの意
window: プレゼントとして議事堂の窓にステンドグラスが取り付けられた

resilience: 回復力、不屈の精神
ingenuity: 発明の才、新しいアイデア
tolerance: 寛容

第6章　責任と共感を示すスピーチ
キャロライン・ケネディ vs **エリザベス女王**

ここがスピーチの達人技！

❶ Let us be mindful of... は上品でかしこまった言い方。ビジネスのスピーチなら、Let us remember... (…を思い起こしましょう) と言えばよいでしょう。

❷ Section2のtwelve Prime Ministers (p.160) と同様、three and a half thousandという具体的な数字を使っています。聴衆も数の多さにため息をついていますね。この文章の主語は、The happy relationshipで、議会との親しい関係を指していますが、well beyond... を盛り込むことによって、莫大な数の法案に署名したことをさり気なくアピールしています。

❸ We are reminded... はSection 3のreminder (p.162) と同様、過去を振り返る際の言い回しです。ビジネスでも、出来事や事実を思い出してほしいときに使えます。

❹ resilience (不屈の精神)、ingenuity (発明の才)、tolerance (寛容) という3つのキーワードをうまく盛り込んでいます。中でもtoleranceは女王の好きな言葉で、fair playとともにイギリス人の美徳を語るときに持ち出します。さすが女王、イギリス国民の自尊心を高揚させる術を心得ていますね。会社で部下をほめる場合も、I appreciate your enthusiasm and commitment. You are a valuable member of my team. (きみの熱意と献身ぶりには感謝している。きみはチームにとって貴重な一員だ) などとキーワードを散りばめれば、部下はやる気満々になるかもしれませんね!?

【訳】

　公共の任務について考えるとき、わが軍隊の驚くべき犠牲と勇気に再度思いを馳せてみましょう。この60年の間に状況はかなり変わりましたが、国家の防衛と自由を守るために生命を危険に冒す者たちの勇気は少しも色あせることがありません。

　議会と築いてきた良好な関係は、私が署名して施行された3500以上の法案をはるかに超えるものであります (笑)。ですから、多くのみなさん方に気前よく寄付していただいた素晴らしい贈り物を目の前にして、感無量の気持ちでいっぱいです。この美しい窓のステンドグラスが、ちょっとした彩りを加えて長い歴史をもつこの古い場所を照らしてくれるのであれば、喜んで頂戴したいと思います。

　私たちはこの場所で、わが国の過去、連綿と続いてきたこの国の歴史、そして、その歴史を生み出した不屈の精神、発明の才、寛容といった美徳を実感させられます。私はその歴史の一部をこの目で見ることができて光栄に思います。そして、家族の支えとともに、今後もこの偉大な国と国民に奉仕することに再び情熱を傾けていく所存でございます (拍手)。

第6章のまとめ
感謝と気配りを示す

　エリザベス女王は、女王という立場や長い在位期間から言っても、スピーチの回数に関しては世界有数のスピーカーということになるのではないでしょうか。スピーチライターがついているとはいえ、毎回スピーチは変わるわけで、まさに熟練したスピーチの達人と言えると思いますが、どう思われますか？

　あたりまえかもしれませんが、なんといっても「女王としての品格」がありますよね（笑）。その表れのひとつとして、**「感謝を示す」(appreciation)** という点が挙げられます。今回取り上げたスピーチでも、ボランティアの人や戦地に派遣された軍隊の人たちのことに触れて、女王として感謝をこめて国民を思う気持ちを表しています。

　キャロライン・ケネディのスピーチにも今までの日米関係を振り返りながら、両国間の重要性をまさに「appreciate ＝評価している」感じを強く受けます。this appointment has a special significance as we commemorate the fiftieth anniversary of my father's Presidency.（今年は父が大統領の職にあったときから50年目にあたるため、この指名は特別に重要な意味を持っています）、I'm conscious of my responsibility to uphold the ideals that he represented（私には父が体現した理想を守っていく責任があると自覚しております）と語ることで、ケネディ元大統領の娘であるといういわばケネディ王朝の後継者であることを印象付けつつ、自分の意気込みを素直に語っているのが好感を与えたと思います。

　このスピーチが行われた公聴会の模様はテレビで見ました。大使就任を承認する際には意地悪な質問が飛んだりすることもあるのですが、実に暖かい雰囲気でしたね。ケネディ家の血筋のおかげなのかもしれませんが、彼女の醸し出すしっとりしたエレガントな雰囲気や、淡々としてはいるものの、誠実にひと言ずつ丁寧にしっかりと伝えようとしているスピーチの仕方の影響があるのではないですか。

　そう思います。ソフトな語り口に謙虚な物腰もあいまって、控えめな人というか、よい印象を受けるんですよね。My father's Presidencyあるいはmy Uncle, Senator Kennedyというように、

第6章 責任と共感を示すスピーチ

　ケネディという名前を出していますが、それが嫌味に聞こえないのは、その立場に対して自分は後継者としての責任があるという認識を示しているからです。
　ところで、彼女とエリザベス女王は国民からの期待という点で立場的に共通していますね。

　女王を見ていてつくづく尊敬するのは、女王という立場の重圧に何十年も押しつぶされることなく淡々と務めを果たしている点です。ひと言で言うと、イギリス王室に代々受け継がれてきた legacy（遺産）の成せる業なのかもしれません。

　I am grateful for...（…に感謝する）、**It is my privilege to...（…するのは光栄だ）**といった表現に大変な気配りが感じられますが、これもその legacy ということと関係しているのかもしれませんね。
　また、エリザベス女王は家族のサポートに触れていますが、家族の話題を出すというのもスピーチにおけるポイントのひとつです。「夫のフィリップはどんな賛辞も受け入れないことで有名だと思います」なんてちょっと笑いを誘うところなども、なかなか気が利いていますね。

　キャロライン・ケネディも家族の支えに感謝していますね。また、日本に赴任するにあたって、I can think of no country in which I would rather serve than Japan.（日本以上に私が大使を務めたい国は他にありません）と言ったり、叔父のケネディ上院議員と広島を訪れた際のことを、I was deeply affected by our visit to Hiroshima.（広島を訪問した際には深く心を動かされました）と言ったりしているところなど、聞き手である日本人にとってはうれしくなるような言葉で好感を持ちます。リップサービスと言えばそれまでですし、スピーチライターが書いたのかもしれませんが、それでもとってつけたような感じではなく、彼女自身の言葉として心から語っているのだろうと思わせるような誠実さが感じられます。

　キャロライン・ケネディに対しては、駐日大使としてケネディ好きの日本国民からの期待も大きいですし、必ずやその期待に応えてもらえることと思います。同時通訳者の間でも「これでアメリカ大使館の仕事をするのが楽しみになった！」と歓迎する声が上がっていますよ。

コラム

ビジネスでアメリカ式プレゼンは万能か？

　アップル社の故スティーブ・ジョブズ氏のプレゼンは、その語り口といい見せ方といい、印象に残るプレゼンやスピーチのお手本として語り継がれています。たしかに、聴衆の頭の中にしっかり刻み込まれるレトリックやスタイルからは学ぶものがたくさんあります。

　ところで、こうしたプレゼンのスタイルはヨーロッパの人たちにはどのように映るのでしょうか。もちろん、ジョブズ氏が素晴らしいプレゼンテーター／スピーカーであることに異論をはさむ人はいないでしょう。しかし、一般的なアメリカン・スタイルのスピーチに対しては少し違和感があるようです。イギリスに駐在していた頃、アメリカ式プレゼンに対して、よく耳にしたコメントに次のようなものがあります。

Americans tend to take the short-term view.
アメリカ人は短期的なものの見方をする傾向がある。
They don't want to hear about problems: just quick solutions.
問題点について耳を傾けようとせず、ただ手っ取り早い解決策を求める。
They expect you to tell them everything is wonderful, even if it isn't .
実際にはそうでないとしても、何もかも素晴らしいと言ってもらいたがる。
It doesn't actually address the problem.
問題点に触れていない。

　特にフランス、ドイツといった国々には「バランスのとれた見方」（balanced view）を重視する文化があり、ポジティブな部分だけでなく、問題点をしっかり指摘・分析するロジカルなプレゼンが説得力を持ちます。話し方についても、ジェスチャーたっぷりに楽観的で自信満々といったスタイルよりも、物静かにゆっくりと話すほうが好まれる場合もあります。

　スピーチをする際、文化の違いについて神経質になりすぎる必要はありませんが、「アメリカ＝世界標準」という固定観念にとらわれず、「文化に対する感受性」（cultural sensitivity）を磨くことが大切だと思います。アメリカ式プレゼンからたくさんのよい部分を吸収した上で、自分のスピーチやプレゼンのスタイルを確立していくことが重要なのではないでしょうか。

Janet Yellen
ジャネット・イエレン

Mark Carney
マーク・カーニー

第7章

わかりやすく
伝えるスピーチ

Janet Yellen

Remarks at the Society of American Business Editors and Writers

ジャネット・イエレン
FRB議長

1946年、ニューヨーク州生まれ。ブラウン大学、イェール大学で経済学を専攻。ハーバード大学助教授を経て、FRB（連邦準備制度理事会）のエコノミスト、理事を歴任。クリントン政権では大統領経済諮問委員会の委員長を務める。

その後、2004年にサンフランシスコ連邦準備銀行総裁に就任。10年からはFRB副議長を務め、14年、女性初のFRB議長に就任。任期は10年。

失業問題を専門とし、いわゆる「ハト派」と目される。夫はノーベル経済学賞受賞者のジョージ・アカロフ。

スピーチの背景

　FRB議長就任前の2013年に、全米ビジネス編集者・記者協会の設立50周年を記念して行われたスピーチで、金融政策におけるコミュニケーションの重要性について語ったもの。

　ソーシャルメディアなどの普及により、FRBのコミュニケーションスタイルもご多分にもれず変わることを余儀なくされてきましたが、中央銀行にコミュニケーション革命をもたらしたものは技術の進歩ではなく、明確な「コミュニケーション＝情報伝達」こそが金融政策の最も効果的な実行に欠かせないという認識が広まってきたからだと指摘。また、こうした流れにより、中央銀行における「透明性」の問題をめぐっても革命的な変化が起きたとしています。

　FRBのコミュニケーション重視の姿勢は、バーナンキ前議長が就任した際にすでに言われていたことであり、長らく議長の座に君臨していた前任者のグリーンスパン議長のコミュニケーションの取り方があまりにもわかりにくかったことから、それを改善しようと路線転換が図られていました。

　このスピーチでもみられるように、イエレンもまたFRB副議長時代からコミュニケーションの重要性を強調していましたが、議長就任によってさらに明確なコミュニケーションを、市場に対して、また世間に対して図っていくとみられます。

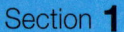

Section 1
金融政策におけるコミュニケーションの重要性は高まっている

Janet Yellen:

Thank you for inviting me here and for offering me what ❶ I consider a perfect opportunity to speak on a topic at the heart of the Federal Reserve's efforts to promote a stronger economy: the vital role and growing use of communication in monetary policy.

At first glance, the FOMC's communications may not seem so different from what you've heard other government agencies say about their policies or businesses would say about their products. ❷ I hope to show through how communication plays a distinct and special role in monetary policy.

❸ I'd like to offer a comparison that may highlight that difference. Suppose, instead of monetary policy, we were talking about an example of transportation policy: widening a road to ease traffic congestion. Whether this road project is announced at a televised press conference or in a low-key press release, or even if there is no announcement, but the project is more or less the same. The benefit to drivers will come after the road is widened and won't be affected by whether drivers know about the project years in advance.

at the heart of...: …の核心にある
Federal Reserve: 連邦準備制度（理事会）

at first glance: 一見すると
FOMC: 連邦公開市場委員会（Federal Open Market Committee）。金融政策のひとつである公開市場操作の方針を決定する

distinct: 確かな、重要な
monetary policy: 金融政策

congestion: 混雑
televise: テレビ放映する
low-key: 目立たない、地味な

more or less: ほとんど変わらない

ここがスピーチの達人技！

❶ いかにコミュニケーションが連邦準備制度理事会にとって今後重要なテーマになるのかを力強く明快に訴えています。スピーチの冒頭でテーマを明示するのは重要なポイント。a perfect opportunity to speak on a topic（…のテーマについてお話しする絶好の機会）というのも使える語句です。Thank you for inviting me here and for offering me...（お招きいただき…を頂戴したことに感謝する）とあわせて覚えておきましょう。

❷ コミュニケーションが重要なカギを握ることを簡潔に訴えています。I hope to show...（…をご覧に入れたいと思います）というフレーズも応用が利きますね。

❸ 両者の違いを浮き彫りにするため、これから具体的に訴えようしている例とは逆の例をまず挙げています。より身近な話題を比較材料に使うことで、一般に難解なイメージがある金融政策について、わかりやすく伝えようとしています。

【訳】
　本日はこちらにお招きいただき、お話しするまたとない機会を与えていただきありがとうございます。この機会に、強い経済を推進するという連邦準備制度理事会の取り組みにおいて、中核をなすテーマである金融政策におけるコミュニケーションが果たす重要な役割と、ますますコミュニケーションを使う場が増えていることについてお話ししたいと思います。

　一見すると、連邦公開市場委員会のコミュニケーションは、他の政府機関が政策について語ったり、あるいは企業が商品について語ったりしているものと大差ないと思われるかもしれません。そこで、金融政策の決定において、コミュニケーションがいかに重要かつ特別な役割を負っているかをご理解いただければと思います。

　その違いが浮き彫りになるような比較をしてみたいと思います。仮に、金融政策ではなく、道路を拡張して渋滞を緩和するといった交通政策の話だとしましょう。こうした道路拡張計画は、テレビの記者会見で放送されようと、目立たないプレスリリースのかたちで発表されようと、あるいは何の告知もなされなかったとしても、計画自体にさほど変わりはありません。道路が拡張されれば車を運転する人にはその恩恵がもたらされるわけですし、事前に車を運転する人たちがその計画を知っていようといまいと影響はありません。

Section 2

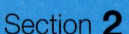

「決して説明せず、決して言い訳しない」という従来のスタイル

Janet Yellen:

At the heart of everything I'll be explaining today is the fact that monetary policy is different. ❶ The effects of monetary policy depend critically on the public getting the message about what policy will do months or years in the future.

To develop this idea, I will take you on a tour of past FOMC communication, the present, and what I foresee for the future. Until fairly recently, most central banks actively avoided communicating about monetary policy.

❷ Montagu Norman, who was governor of the Bank of England in the early 20th century, reputedly lived by the motto "never explain, never excuse," and that approach was still firmly in place at the Federal Reserve when I went to work there as a staff economist in 1977.

---

get the message: 理解する

Montagu Norman: モンタギュー・ノーマン(1871-1950)。イングランド銀行総裁(1920-1944)
reputedly: 評判では、通説では
"never explain, never excuse": 決して説明せず、決して言い訳しない

第7章 わかりやすく伝えるスピーチ

ジャネット・イエレン vs マーク・カーニー

ここがスピーチの達人技！

❶ 特に将来において、政策がどういう効果をもたらすかを一般の人たちが理解することが決定的に重要であると説いています。depend critically on...（…に決定的に左右される）という言い方、さらにpublic getting the messageと簡潔に核心を突いているあたりが達人技です。

また、monthsやyearsに音声上の強調が置かれている点も要注意です。

❷「決して説明しない、決して言い訳しない」という姿勢が脈々と受け継がれて健在であったことを例示し、わかりやすくどのような状況であったかを示しています。

また、**reputedly** lived by the motto（**通説では**モットーとして生きた）という表現の副詞の使い方にも注目です。副詞を上手に使えると表現力がグッと増します。その前の文に出てくる**actively** avoided（**積極的に**避ける）、後の文に出てくるbe **firmly** in place（**厳然と**存在している）もそうですが、副詞を効果的に使うことで意味が明確になり、言わんとする趣旨が浮き彫りになります。

【訳】

今日ご説明したいことの核心にあるのは、金融政策は先ほど挙げた例とは異なるという事実です。金融政策が効果を発揮するかどうかは、政策が数カ月あるいは数年先にどのような影響をもたらすかということを、一般の方々が理解してくださるかどうかに左右されます。

この考えをさらに掘り下げるために、過去および現在の連邦公開市場委員会のコミュニケーションのあり方と、私がこの先予測するあり方を概観してみましょう。つい最近まで、中央銀行の大半は金融政策について発言することを積極的に避けていました。

20世紀初頭のイングランド銀行総裁であったモンタギュー・ノーマンは、「決して説明せず、決して言い訳しない」を座右の銘としていたと伝えられています。そのような姿勢は、1977年に私がエコノミストとして連邦準備銀行に勤め始めたときにも厳然として存在していました。

Section 3
連邦公開市場委員会に起きた、認識の革命

Janet Yellen:

❶ Recently I used the word "revolution" to describe the change from "never explain" to the current embrace of transparency in the FOMC's communications. That might sound surprising to an audience that knows very well what it feels like to be in the middle of a communication revolution.

The speed and frequency of most communication, it seems, never stops growing, and I will admit the FOMC's changes to the pace and form of its communication seem pretty modest in comparison. I've mentioned the Chairman's quarterly post-meeting press conferences, which were initiated two years ago. While these events are televised and streamed live, the mode for most of the FOMC's communications is decidedly old-school: it is the printed word.

❷ The revolution in the FOMC's communication, though, isn't about technology or speed. It's a revolution in our understanding of how communication can influence the effectiveness of policy.

current: 現在の
embrace: 受け入れること、採用

frequency: 頻度

modest: 控え目な、ささやかな
in comparison: 比較すると
quarterly: 年4回の
initiate: 始める
stream: ネット配信する

old-school: 時代遅れの、旧式の

effectiveness: 実効性、有効性

ここがスピーチの達人技！

❶ "revolution"（革命）という語に、コミュニケーション政策を激変させるという決意が込められています。「決して説明しない」から透明性を容認するという政策変更を行ったことを際立たせています。

❷ 革命が技術やスピードに関わるものではなく、何を伝えていくかという中身に関わる大きな変化であることを強調しています。強い言葉を使っていますが、現実にFRBの現状は活字メディアのみというところから、大きく変えていく意思を示し、しかも、コミュニケーションこそが効果的な金融政策をもたらすとの認識を新たにしたことこそが革命であるというメッセージを送っています。

【訳】
　最近、私は「革命」という言葉を使って、連邦公開市場委員会のコミュニケーションが「決して説明しない」というスタンスから、現在のように透明性を取り入れるようになった変化について説明しました。このことは、コミュニケーション革命の真っただ中にいるのがどのような感じであるかをよくご存じの聴衆の方にとっては意外なことのように思われるかもしれません。

　大半のコミュニケーションの速度や頻度は決してとどまることを知らないように思われます。それに比べれば、連邦公開市場委員会のコミュニケーションのペースと形式に生じている変化が、ごくささやかなものであることは認めます。四半期に一度の会合の後で議長が記者会見を開いていますが、これは2年前に始まったものだということは先ほどお話ししました。この類の会合はテレビで放映され、ネット上でリアルタイムで配信されていますが、一方で連邦公開市場委員会がコミュニケーション形式として用いているものの大半は、明らかに昔ながらのものである活字メディアです。

　しかしながら、連邦公開市場委員会に起きたコミュニケーション革命は、テクノロジーに関するものでもスピードに関するものでもありません。コミュニケーションが金融政策の実効性にどれだけ影響を及ぼしうるかを理解したことが革命なのです。

Section 4
情報公開は金融政策にメリットをもたらさないと思われていた

Janet Yellen:

It's hard to imagine now, but only two decades ago, the Federal Reserve and other central banks provided the public with very little information about such monetary policy moves—the spirit of "never explain" was very much alive.

❶ There were a number of different justifications for that approach. One view was that less disclosure would reduce the risk and tamp down suspicions that some people could take advantage of disclosures more readily than others, some people believed that markets would overreact to details about monetary policy decisions. And there was a widespread belief that communicating about how the FOMC might act in the future could limit the Committee's discretion to change policy in response to future developments.

❷ So in sum, the conventional wisdom among central bankers was that transparency was of very little benefit for monetary policies, and in some cases, could cause problems that would make policy less effective.

justification: 正当化
disclosure: (情報・秘密などの) 公開
tamp down: 抑え込む
take advantage of...: …を利用する
readily: 容易に
overreact: 過剰反応する

discretion: 決定権、裁量 (権)

in sum: 結論としては、総じて
conventional wisdom: 世間一般の通念

第7章 わかりやすく伝えるスピーチ

ジャネット・イエレン vs マーク・カーニー

ここがスピーチの達人技！

❶ 主張をするときには必ず、どのような根拠があってこのような主張をするのかという裏付けをしなくてはなりません。そういう裏付けとなる根拠を示す場合に、このような文章を入れることで明確な説明になります。

❷ in sum（まとめると、総括すると）と前置きをしてから今までの主張を整理してわかりやすく伝えることによって、聞き手が自分の主張に付いてきているかどうか確認ができます。上手な話し方です。

【訳】
　今では想像しにくいですが、ほんの20年前でも連邦準備制度理事会やその他の（世界中の）中央銀行はそうした金融政策の動向について、一般向けにはごくわずかな情報しか提供していませんでした。「決して説明しない」という精神はまだまだ健在だったわけです。

　こうしたアプローチにはいくつか異なる正当化が行われました。ある見方では、情報公開をしなければしないほどリスクが減り、一部の人間が他の人たちよりも容易に情報公開のメリットを享受できるのではないかという疑念を抑えられるとされていました。金融政策が下す決定の詳細に市場が過剰反応してしまうと考える人もいました。また、連邦準備制度理事会が将来とり得る行動について伝達すると、その後の状況変化に対応して連邦準備制度理事会が政策変更を行う自由を束縛するとの考えが広く共有されていました。

　要するに、中央銀行の関係者たちの間で共有されていた通念では、金融政策にとって透明性はほとんどメリットをもたらさず、かえって政策の効果を減じさせるような問題を引き起こしかねない場合もあると思われていたのです。

Mark Carney

Crossing the Threshold to Recovery

マーク・カーニー
イングランド銀行総裁

　1965年、カナダのフォートスミス生まれ。ハーバード大学で経済学を学び、オックスフォード大学で博士号を取得。ゴールドマン・サックスに入社し、ロンドン、東京、ニューヨーク、トロントで勤務。新興債券市場向けの投資などに携わる。
　2003年、カナダ銀行副総裁、08年、総裁に就任。主要8カ国（G8）の中では最年少の中央銀行総裁となる。
　12年、公募による選定でイングランド銀行の総裁に内定、13年、総裁に就任。任期は5年間の予定。

スピーチの背景

　イングランド銀行総裁就任後、総裁としてはじめて今後のビジョンを示したスピーチです。

　世界でトップクラスの大学（院）で学位を取得し、名門投資銀行の王道を歩み、最年少の中央銀行総裁としてカナダの金融政策の舵取りを任されたというだけでも輝かしい経歴ですが、カナダ出身のカーニーがイギリスの中央銀行であるイングランド銀行の総裁に内定したときは、多少のことでは驚かない金融関係者も度肝を抜かれました。

　イングランド銀行初の外国人総裁内定のニュースに、諸外国からは、いくらイギリス連邦の一員であるカナダ出身者とはいえ、そもそも国の経済政策の根幹となる金融政策を外国人に任せていいのかといった根本的な疑問が投げかけられました。しかしイギリス本国では、不安要素はあるものの実力のある人物に任せるのは望ましいことだという「開かれた国イギリス」らしい寛容で好意的な反応が大半を占めました。

　初の外国人総裁、しかもカナダ銀行現役総裁の引き抜き、100万ポンド（約1億7000万円）超の破格の年収といった話題性に加えて、ジョージ・クルーニー似といわれるイケメン総裁の誕生で、一躍「セレブ」扱いとなったカーニーの一挙一動は、多方面から注目を集めました。

　このスピーチが行われた当時、金融市場ではアメリカの金融緩和政策から手を引く時期をめぐって金融市場が荒れた展開となっていたこともあり、政策面においてどのようなタイミングでどのような新機軸を打ち出すかに関心が集まりました。市場が待ちに待った政策お披露目の場で、カーニーはオープンかつ明確な方向性を打ち出しました。そのスピーチから、難しいことをわかりやすく伝えるスキルをしっかり学びましょう。

Section 1

金融政策委員会は前例のない試みを行った

Mark Carney:

Three weeks ago ❶ the Bank's Monetary Policy Committee did something that it's never done before: ❷ we gave clear, quantitative guidance about the future path of monetary policy. Specifically, we announced that we do not intend to raise Bank Rate at least until the unemployment rate falls to 7%, provided there are no material threats to either price or financial stability. All nine members of the MPC agreed to set monetary policy in future according to this framework of forward guidance.

Now that does not mean the Bank Rate will automatically rise when unemployment falls to 7%. Instead, the 7% threshold is a staging post along the road to recovery. When unemployment reaches 7%, the MPC will reassess the state of the economy and the appropriate stance of monetary policy.

Monetary Policy Committee:（中央銀行で政策金利を決める）金融政策委員会（MPC）
quantitative guidance: 資金供給量にかかわる方向性

Bank Rate: 政策金利。この Bank とは Bank of England（イングランド銀行）のこと
unemployment rate: 失業率
provided...: …ならば（= if）
material: 非常に大きな、重大な

forward guidance:（金利の）先行き指針。そのまま「フォワードガイダンス」ということが多い

threshold: 敷居値、上限・下限値
staging post:（長距離飛行の）中継地点

reassess: 再査定する（再び (re-) 査定する (assess)）

第7章 わかりやすく伝えるスピーチ
ジャネット・イエレン vs **マーク・カーニー**

ここがスピーチの達人技！

❶ did something that it's never done before（前例のない試みを行った）という言い回しが効果的に使われています。policy（政策）といった言葉を使わずに、あえてsomethingと言っているところがポイントです。また、it's never done beforeと言うことによって、聞き手は「一体何だろう？」とビックリ箱でも開ける気分になって次の言葉を待ちます。ビジネスでも、画期的な製品やプロジェクトを発表するときに応用できそうですね。

❷ この文は、ふたつ後の文に登場するforward guidanceという専門用語を理解しやすいように言い換えているものです。ビジネスのプレゼンでは、Do not use jargons!（専門用語は使うな！）と言われますが、このようにかみ砕いて説明すれば問題ありません。

【訳】
　3週間前、金融政策委員会は前例のない試みを行いました。金融政策に関する今後の道筋について、明確な資金供給量の方向性を打ち出したのです。具体的には、物価や金融の安定に対して重大な脅威のないかぎり、失業率が少なくとも7パーセントに下がるまでは政策金利の引き上げを行なう意思がないことを発表しました。9名の全委員によって、今後はフォワードガイダンス（先行き指針）の枠組みに従って金融政策を定めることが賛同されています。

　このことは、失業率が7パーセントに下がったら直ちに政策金利を引き上げるということではありません。7パーセントという境界値は、あくまでも景気回復へ至る途上の通過点にすぎません。失業率が7パーセントになった時点で、金融政策委員会は経済状況を再び判断し、しかるべき金融政策の方針について見直しを行います。

Section 2

景気回復が軌道に乗るまで金利は上昇させない

Mark Carney:

❶ Our forward guidance provides you with certainty that interest rates will not rise too soon. Exactly how long they stay low will depend on the progress of the recovery and in particular how quickly unemployment comes down.

What matters is that rates ❷ won't go up until jobs and incomes are really growing. The knowledge that interest rates will stay low until the recovery is well established should give greater confidence to households to spend responsibly and businesses to invest wisely.

❸ It may seem that unemployment doesn't have far to fall, from its current level to 7%. The MPC's central view, though, is that ❸ this could take some time, for three reasons.

---

interest rates: 金利

What matters is...: 重要なのは…である

households: 家庭、世帯
responsibly: 適切に判断して。responsible には、on good judgment（適切な判断に基づいて）という意味がある
have far to...: …するには先が長い
central view: （いろいろな見方がある中で）中心となる見解

第7章 わかりやすく伝えるスピーチ
ジャネット・イエレン vs **マーク・カーニー**

ここがスピーチの達人技！

❶ with certainty（確実に）という語句によって確実な事柄を述べる一方、次の文ではdepend onを使って「いつまで低金利が続くかは景気の回復次第」と確実でない事柄は区別して述べています。中央銀行の総裁という立場上、「○○の時点で政策金利が××パーセントになる」とは言えないので、曖昧な言い方をせざるを得ませんが、中途半端な表現では金融市場を混乱させ、誤解を呼ぶ結果となってしまいます。ビジネス上の情報伝達・報告に際しては、明確にする部分、さらっと触れる部分、触れないでおく部分などを事前に整理した上で発信することが大切です。

❷ won't go upを音声で強調し、「金利は上昇しない」ことを訴えています。

❸ 助動詞のmayやcouldは断定を避けるときに多用されます。It may seemとすることにより、It seemsに比べて曖昧さが加わり、this could takeはthis will takeよりも不確実性が高まります。さらにここではcentral viewという言い方で味付けしています。The MPC's view is... と言えば見解をバシッと述べる感じですが、centralを添えることで「いろいろな可能性がある中で私たちはこう思う」というニュアンスが出ています。

【訳】

　イングランド銀行のフォワードガイダンス（先行き指針）は、時期尚早に金利の引き上げを行わないことを約束するものであります。正確にどのくらい低金利が続くかは景気回復の進み具合、特に失業率低下のスピードによるでしょう。

　重要なのは、雇用と収入が実際に増加するまで金利は上昇しないということです。景気の回復が軌道に乗るまで低金利が続くとわかっていれば、家庭が適切に消費し、企業が賢明な投資をする際に一層心強くなります。

　失業率が現在の水準から節目となる7パーセントに下がるのは、そう遠い先のことではなさそうです。しかしながら、金融政策委員会の主な見解としては、しばらく時間がかかる可能性があるとみています。その理由は3つあります。

Section 3

失業率低下へ立ちはだかる3つの壁

Mark Carney:

First, while the outlook for growth has improved considerably in recent months, ❶ growth prospects over the next three years are solid, not stellar. And that suggests spare capacity will be only used up gradually.

Secondly, a great many jobs need to be created to bring unemployment down. A fall in unemployment from its current level to 7% over three years would mean well over ❷ three quarter of a million new jobs created, and given the shrinkage expected in the public sector, over a million new jobs in the private sector.

Third, ❸ a recovery in growth does not necessarily mean faster job creation and lower unemployment. More than half the increase in employment since the recession has been in part-time jobs. Many part-timers would prefer to work full time. If the recovery were fuelled by involuntary part-timers becoming full time workers, nearly half a million fewer jobs would be created.

---

outlook: 見通し

growth prospect: 成長見通し

solid: 堅実な、手堅い
stellar: 傑出した、優れた
spare capacity: 余剰設備、生産余力、設備余力

well over...: …をはるかに上回る
three quarter of a million: 75万（100万の4分の3）
shrinkage: 縮小、減少
public sector: 公共部門
private sector: 民間部門

job creation: 雇用創出

involuntary: 非自発的な

第7章 わかりやすく伝えるスピーチ
ジャネット・イエレン vs **マーク・カーニー**

ここがスピーチの達人技！

❶ 前セクションの最後で、失業率の低下に関してthis could take some time という発言がありましたが、金融市場としてはそれがどの程度の時間なのかということに関心があります。それに対してカーニーは、「何カ月」「何年」とハッキリした数字は出さずに、growth prospects over the next three years についてコメントしています。つまり、最長3年間のタイムスパンで考えていることを示唆しているわけです。

❷ 日本人には小数の方がイメージしやすいかもしれませんが、欧米人はquarterやhalfを使った分数が大好きです。聞き手はこの方がわかりやすく、話し手にとってはリズムの問題があるのかもしれません。政策金利の変更も、a quarter point（1/4＝0.25％）、half-percentage point（1/2＝0.5％）などと表現します。

❸ does not necessarily mean...（必ずしも…とは限らない）は、キッパリ言い切らない状況のフレーズに適しています。

【訳】

まず、経済成長見通しはここ数カ月で大幅に改善する一方、今後3年間の見通しでは堅実であるものの高水準とは言えません。これは余剰設備が少しずつしか活用されていかないことを示しています。

次に、失業率を低下させるには非常に多くの雇用創出が必要になります。失業率が今後3年間で現行の水準から7パーセントに低下するということは、75万人分以上の新たな雇用が生まれることを意味します。公共部門が縮小していることを考えれば、民間部門で100万人分以上の新たな雇用が必要となります。

3つ目は、景気回復が必ずしも雇用創出と失業率低下への近道とはかぎらないことです。景気の後退以降、雇用増加の半数以上はパートタイムの仕事が占めています。パートタイムで働いている人たちの多くはできればフルタイムで働くことを望んでいます。意にそぐわないパートタイムの労働者たちが正規雇用へ移行することによって景気回復が加速すれば、新たに50万近い雇用が創出されることになります。

第 7 章のまとめ
わかりやすく伝える工夫と努力を

　この章ではFRB議長ジャネット・イエレンとイングランド銀行総裁マーク・カーニーという英米の中央銀行を率いる金融界のトップリーダーの、やや専門的なスピーチを取り上げました。実は、鶴田先生も私も前職は金融業界に身を置いていたわけですが、まずは女性初のFRB議長であるイエレンのスピーチにはどんな特色がありますか？

　中央銀行として国民に説明するタイミングが重要であると訴えている点が印象的でした。スピーチの中ではFOMC（連邦公開市場委員会）について何度も言及していますが、FOMCが行う政策のさじ加減ひとつで世界の金融市場が動くだけに、どんなタイミングでどのような言い方で伝えていくのかは極めて重要になります。ビジネスでもそうですが、どのタイミングで何をどのように言うかによって、効果が倍増したり半減したりしますから、なかなか難しいところです。

　それから、そもそもこのスピーチはFRBの従来のコミュニケーションスタイルを変えていかなくてはならないという趣旨のもとに行われたものです。金融政策という専門的な内容について、中央銀行が国民にわかりやすく説明することは非常に大事なことだと思います。そうした中で、イエレンはcommunication and transparency（コミュニケーションと透明性）を重視していますね。ビジネスのスピーチをする場合でも、「**透明性**」はひとつのキーワードになります。

　イングランド銀行はカーニーが総裁に就任してからtransparency（透明性）が高まったと言えますか？

　まちがいなく透明性は高まりました。カーニーのコメントには、どうやったらわかりやすく理解してもらえるかという工夫が見られます。FRBなら「失業率が一定のレベルに下がるまで」と言うところを、カーニーは「7％」と、具体的な数字を示しています。時期についても、それに続く発言で3年のスパンで考えていることがわかります。カーニーを見習ったのか、その4か月後には、FRBも「失業率が6.5％に下がるまで金融緩和を続ける」として、初めて失業率の水準を政策の目安にしました。

　その矢先、2014年1月のダボス会議では、カーニーは失業率が7％を下回っても即座には利上げせず、失業率と政策変更を直接結びつけない考えを示しました。これには驚きましたね。イギリス景気への配

慮、日米などで大規模な金融緩和が続いていることも考慮してのことらしいですけど…。

なるほど。ところで、「透明性」とともに重要なキーワードは「期待」（expectation）だと思います。たとえば、「期待」は金融市場を動かす大きな要因ですが、それをどうマネージしていくのか、あるいはマネージできるのかが政策の成否に大きく関わってきます。FRB議長としてイエレンが今後この点についてどうかじ取りをしていくのか見ものです。

そういう意味ではカーニーは**「期待」に対するアナウンスメント**が憎いほどうまい。冒頭でいきなり、「今までやったことのない政策」と打ち上げ花火を上げているところなどがそうです。これはスピーチ用語で "**attention grabber**"（注意を惹くもの）と言われるもので、出だしで聴衆が驚くようなことを言って注意を惹きつけるやり方です。日銀の黒田総裁が打ち出した「異次元の金融緩和」も、実際のところどこまで異次元なのかはともかく、海外では different dimension（異次元の）という言葉がインパクトを与えたわけです。カーニーはそういったアナウンスメント効果をしっかり計算していますね。

どこかイエレンの掲げるコミュニケーション重視の姿勢と重なるところがあるかもしれませんね。最後にもうひとつ、イエレンのスピーチはまだFRBの副議長だった時代のものなので、当時のバーナンキ議長のことをさりげなく立てているあたりがすごく上手だなと感心しました。自分の立場をよくわきまえ、自分の立ち位置を大事にするという配慮は、洋の東西を問わず社会人の基本ですので、スピーチの際にもお忘れなく。

この本では、英米リーダーを対にするかたちでスピーチを聞いてきましたが、この最後の章ではふたりともアメリカ英語を話しています。イギリスの中央銀行の総裁といえば通常はイギリス英語と思われがちですが、カーニーがカナダ人だからです。というと、カナダはアメリカとは違うというお叱りを受けるかもしれませんが（笑）、聞くかぎり、アメリカ英語の発音です。

しかし、あらためて聞いてみてすばらしいと思うのは、ふたりとも声がはっきりしていて実にわかりやすい伝え方をしていることで、さすがです。わかりやすい中央銀行からのコミュニケーションを目指していると胸を張って言えます。

英米リーダーの英語

2014年3月10日　第1版第1刷　発行

著者：鶴田知佳子、柴田真一
編集協力：今門貴浩
校正：王身代晴樹
英文校正：イアン・マーティン
装丁：B.C.
本文イラスト：あべゆきこ
表紙カバー・本文写真提供：ロイター／ AP ／アフロ
DTP：塩川誠

発行人：坂本由子
発行所：コスモピア株式会社
　〒151-0053
　東京都渋谷区代々木 4-36-4 MC ビル 2F
営業部：Tel:03-5302-8378
　　　　email:mas@cosmopier.com
編集部：Tel:03-5302-8379
　　　　email:editorial@cosmopier.com
http://www.cosmopier.com
http://www.kikuyomu.com

Special Thanks
World Economic Forum

Lindsey Sanford
East Anglia's Children's Hospices

Verity Sharp
The Royal Commonwealth Society

CD 編集：安西一明
CD 製作：株式会社メディアスタイリスト
印刷：株式会社シナノ

©2014 Chikako Tsuruta, Shinichi Shibata

鶴田知佳子（つるた・ちかこ）

　東京外国語大学大学院総合国際学研究院教授、会議通訳者。NHK衛星放送、CNNなどの放送通訳者。CFA（アメリカ公認証券アナリスト）。AIIC（国際会議通訳者協会）会員。上智大学外国語学部フランス語学科卒業、コロンビア大学経営学大学院修了。MBA（経営学修士）取得。金融業界で10年の勤務経験の後に通訳者となり、目白大学助教授を経て現職。フランス語学科卒業でイタリア在住経験もあり、英語のほかフランス語、イタリア語も話す。
　NHK「英語でしゃべらナイト」監修などのほか、『よくわかる逐次通訳』（共著、東京外国語大学出版会）、『ダボス会議で聞く 世界の英語』（共著、コスモピア）、『Let's talk business!「何とぞよしなに」って、英語で言えますか？』（共著、NHK出版）など著書多数。

柴田 真一（しばた・しんいち）

　目白大学外国語学部英米語学科教授。上智大学外国語学部ドイツ語学科卒、ロンドン大学大学院経営学修士（MBA）。専門はビジネス英語、国際金融論。みずほフィナンシャルグループ勤務を経て、2012年9月より現職。海外勤務（ロンドン15年＋ドイツ5年）等で培ったビジネス経験を活かし、神田外語キャリアカレッジ顧問として「グローバル人材」育成にも携わる。ケンブリッジ英検特級（CPE）、通訳案内士（英語）。日本金融学会、日本実用英語学会会員。
　『金融英語入門（第2版）』『使える金融英語100のフレーズ』（以上、東洋経済新報社）、『社内英語ワールド サバイバル本』（アルク）、『図解式　金融英語の基礎知識』（DHC、中国語に翻訳）、『ダボス会議に学ぶ　世界経済がわかるリーダーの英語』『基礎からの英語eメール仕事術』（以上、コスモピア）、など著書多数。

出版案内

世界経済がわかる リーダーの英語
グローバル経済の語彙を攻略しよう！

ダボス会議のセッションから、11カ国、27名の英語スピーチをピックアップし、欧州経済危機や中国、インドなどの動向を分析。アウン・サン・スー・チー女史が会議に寄せたビデオメッセージの音声も収録。

著者：柴田 真一
A5判書籍204ページ＋CD1枚（66分）

【収録人物】
- [イギリス] デビッド・キャメロン（イギリス首相）
- [イタリア] マリオ・ドラギ（欧州中央銀行総裁）
- [アメリカ] ティモシー・ガイトナー（第75代米国財務長官）
- [アメリカ] シェリル・サンドバーグ（フェイスブックCOO）
- [フランス] パスカル・ラミー（WTO事務局長）
- [フランス] クリスティーヌ・ラガルド（IMF専務理事）
- [インド] スニル・ミタル（バーティグループ議長兼CEO）
- [スイス] ピーター・ヴォーサー（ロイヤル・ダッチ・シェルCEO）
- [オランダ] ポール・ポールマン（ユニリーバCEO）
- [ブラジル] カルロス・ゴーン（ルノー・日産CEO）
- [日本] 国谷裕子（フリーランスキャスター）
他

定価2,100円＋税

ダボス会議で聞く 世界の英語
ノンネイティブの英語を聞き取る！

ダボス会議の数年分のセッションから、ノンネイティブを中心に世界20カ国、26名の英語スピーチを厳選。多種多様な英語のリスニングに挑戦し、「自分らしい英語を堂々と話す」姿勢を学び取りましょう。

著者：鶴田 知佳子／柴田 真一
A5判書籍224ページ＋CD1枚（64分）

【収録人物】
- [日本] 緒方貞子（JICA理事長）
- [中国] 王建宙（チャイナ・モバイル会長兼CEO）
- [インド] ナンダン・ニレカニ（インフォシスCEO）
- [韓国] 尹鍾龍（サムスン電子副会長兼CEO）
- [フィリピン] アロヨ大統領
- [マレーシア] マハティール前首相
- [ガーナ] アナン前国連事務総長
- [ヨルダン] ラーニア王妃
- [アフガニスタン] カルザイ大統領
- [フランス] ジャン・クロード・トリシェ（欧州中央銀行総裁）
- [イタリア] ロベルト・ポリ（ENI会長）
他

定価2,100円＋税

●肩書きはスピーチ時のものです

コスモピア・サポート

いますぐご登録ください！ 無料

「コスモピア・サポート」は大切なCDを補償します

使っている途中でキズがついたり、何らかの原因で再生できなくなったCDを、コスモピアは無料で補償いたします。
一度ご登録いただければ、今後ご購入いただく弊社出版物のCDにも適用されます。

登録申込方法
本書はさみ込みハガキに必要事項をご記入のうえ郵送してください。

補償内容
「コスモピア・サポート」に登録後、使用中のCDにキズ・割れなどによる再生不良が発生した場合、理由の如何にかかわらず新しいCDと交換いたします（書籍本体は対象外です）。

交換方法
1. 交換を希望されるCDを下記までお送りください（弊社までの送料はご負担ください）。
2. 折り返し弊社より新しいCDをお送りいたします。

CD送付先
〒151-0053　東京都渋谷区代々木4-36-4
コスモピア株式会社「コスモピア・サポート」係

★下記の場合は補償の対象外とさせていただきますのでご了承ください。
- 紛失等の理由でCDのご送付がない場合
- 送付先が海外の場合
- 改訂版が刊行されて6カ月が経過している場合
- 対象商品が絶版等になって6カ月が経過している場合
- 「コスモピア・サポート」に登録がない場合

＊製品の品質管理には万全を期していますが、万一ご購入時点で不備や不都合がある「初期不良」は別途対応させていただきます。下記までご連絡ください。

連絡先：TEL 03-5302-8378
　　　　FAX 03-5302-8399
「コスモピア・サポート」係

全国の書店で発売中！　　　www.cosmopier.com

コスモピア 出版案内

成功する英語プレゼン
プライベートレッスン形式で学ぶ

「プレゼン、しかも英語……」、二重の苦手意識を同時に克服しましょう。「イントロ→ボディ→コンクル」の基本構成から、発音、人を引きつける英語表現の選び方、話し方のテクニックまで、英語音声学のプロの著者がレクチャー。Amazon.comのジェフ・ベゾス、楽天の三木谷浩史のプレゼン例も掲載。

著者：米山 明日香
A5判書籍271ページ＋CD1枚（60分）

定価 本体2,200円＋税

完全保存版 オバマ大統領演説
キング牧師のスピーチも全文収録！

オバマ大統領の就任演説、勝利宣言、いまや伝説の民主党大会基調演説など5本の演説を全文収録。キング牧師「私には夢がある」演説、ケネディ大統領就任演説も肉声で全文収録。さらにリンカーンとルーズベルトも加えた決定版。英文・対訳・語注とそれぞれの演説の背景解説を付けています。

コスモピア編集部 編
A5判書籍192ページ＋CD2枚（70分、62分）

定価 本体1,480円＋税

英会話1000本ノック〈ビジネス編〉
会話のマナーからプレゼンテクニックまで！

あいさつ、自己紹介から始まり、状況で7段階に使い分けるお礼とお詫びの表現や電話応対を特訓。さらにスケジューリング、大きな単位の数字の攻略、Noをビジネスライクに言う表現、プレゼンまで、1000本ノック方式で練習します。回答例入りと質問のみの、両パターンの音声をMP3形式で用意。

著者：スティーブ・ソレイシィ
A5判書籍218ページ＋CD-ROM（MP3音声430分）

定価 本体2,000円＋税

英会話1000本ノック
まるでマンツーマンの英会話レッスン！

ひとりで、どこでもできる画期的な英会話レッスン。ソレイシィコーチが2枚のCDから次々に繰り出す1000本の質問に、CDのポーズの間にドンドン答えていくことで、沈黙せずにパッと答える瞬発力と、3ステップで会話をはずませる本物の力を養成します。ソレイシィコーチの親身なアドバイスも満載。

著者：スティーブ・ソレイシィ
A5判書籍237ページ＋CD2枚（各74分）

定価 本体1,800円＋税

TOEIC®テスト 超リアル模試600問
カリスマ講師による究極の模試3回分！

600問の問題作成、解説執筆、音声講義のすべてを著者自らが手掛け、細部まで本物そっくりに作り込んだリアル過ぎる模試。各問の正答率、各選択肢の誤答率、難易度を表示し、予想スコアも算出。わかりやすさで定評のある解説は持ち運びに便利な3分冊。花田先生の音声解説67分も収録した決定版。

著者：花田 徹也
A5判書籍530ページ＋CD-ROM（MP3音声202分）

定価 本体1,800円＋税

新TOEIC®テスト 出る語句1800
ショートストーリーの中で覚える！

1冊まるごとビジネスのストーリー仕立て。PART3形式の短い会話、PART4形式のスピーチやアナウンスの中に、最新のデータから選出した頻出語句が4つずつ入っています。ストーリーの流れに沿って関連語が次々と登場するので、記憶への定着度は抜群。単語の使い方ごと身につきます。

著者：早川 幸治
B6判書籍284ページ＋CD2枚（47分、52分）

定価 本体1,600円＋税

全国の書店で発売中！　www.cosmopier.com